Den vor Hunger Schreienden dieser Welt,
den vor Unterdrückung,
Krieg oder Terror Fliehenden

gewidmet

im Urvertrauen
und in Hoffnung auf Frieden

Der Erlös aus dem Verkauf dieses Buches
ist für die Welthungerhilfe bestimmt

Bibliografische Information der Deutschen Nationalbibliothek
Die Deutsche Nationalbibliothek verzeichnet diese Publikation in der
Deutschen Nationalbibliografie; detaillierte bibliografische Daten sind im
Internet über http://dnb.dnb.de abrufbar.

Mit 5 farbigen Abbildungen
und 72 Notenbeispielen

© 2017 Günter Jena
Herstellung und Verlag: BoD – Books on Demand
ISBN 978-3-7448-2463-7

gesetzt aus Garamond

Notenbeispiele aus NBA, Bärenreiter Kassel

Umschlagmotiv: 1. Seite des Autographs

Günter Jena

Vom Urschrei zum Urvertrauen

Bachs h-Moll-Messe
– Erfahrungen und Gedanken eines Dirigenten –

Es gibt zwei Arten, sein Leben zu leben:
entweder so, als wäre nichts ein Wunder
oder so, als wäre alles ein Wunder.
Ich glaube an Letzteres.

(Albert Einstein)

Inhalt

Autograph, 1. Seite
(Ausschnitt)

Vorwort

Musik kann viel. Am Ende eines langen Musikerlebens staune ich immer noch, immer wieder und immer mehr darüber, wieviel Musik zu bewirken vermag. Mit dem Bild des Orpheus-Mythos: Sie kann wilde Tiere zähmen (überschäumende Gefühle in uns bändigen) und Steine zum Leben erwecken (Gefühle erwecken, Verkrustungen in uns lösen). So erlebe ich Musik mit den unterschiedlichsten, nahezu gegensätzlichen Wirkungen: Sie kann Trost und Ruhe stiften, aber auch Kraft, Anregung, ja Flügel schenken. Damit kann Musik, allemal Bachs Musik, zum Ratgeber des Lebens und damit zu seinem notwendigen Begleiter werden. Mit Friedrich Nietzsche: „Ohne Musik wäre das Leben ein Irrtum".

Standen in der Matthäuspassion die menschlichen Konflikte und deren Bewältigung durch Liebe im Blickpunkt, so in der Kunst der Fuge die Entfaltung der Musik aus einer winzigen Keimzelle, damit auch die Selbstwerdung des Menschen.

Die Messe setzt diesen Gedanken die Krone auf mit der Vision eines neuen Menschen. Eines Menschen, der über Klagen – Loben – Danken zu Vertrauen und Frieden findet. Also die Entfaltung des Menschen zum wahren Menschen, wie Gott sich ihn vorgestellt haben mag und wie er im Menschen Jesus verwirklicht ist.

Bei meinen Deutungen behaupte ich nicht, das einzig gültige Sprachrohr von Bachs Gedanken zu sein. Dazu sind Noten zu vieldeutig – das macht die Stärke der Musik aus, denn jeder kann sich in ihr in *seiner* unterschiedlichen Situation wiederfinden. Aber natürlich überlegt man als Dirigent, welcher Gedanke, welche Interpretation zutreffend sein mag. Dazu gibt Bach selbst leider wenige Hinweise. Äußerungen über Musik sind von ihm nur äußerst spärlich überliefert. So sind wir auf unserer Suche auf Aussagen der zeitgenössischen Musikliteratur angewiesen. Die freilich sind oft wenig präzise, teilweise sogar widersprüchlich. Daher ist ein Vergleich ergiebiger, welche musikalischen Redewendungen Bach mit welchen Texten unterlegt. Darauf stütze ich meine Deutungen und so hoffe ich, nichts Unzutreffendes zu behaupten. Nicht zuletzt weiß ich aber um die Zeitgebundenheit jeder Interpretation und um die Mehrung der eigenen Einsichten, die sich erst im Lauf eines langen Musikerlebens gebildet und mich angesichts des Gedankengebirges Bach das Fragmentarische meiner Einsichten gelehrt haben. Bach hat über 35 Jahre an der Messe gearbeitet und noch in seinem Todesjahr den letzten Satz eingefügt. So wird sie für uns zum letzten Vermächtnis des großen Denkers Bach, zum Lehr- und Weisheitsbuch des Lebens.

Ich danke Pastor Jörg Bode, Hedda Junior, Dr. Hannelore Krömer und Vera Wolf für mancherlei Anregungen, für Korrekturen und Lektoratshilfen. Ich danke dem Bärenreiter-Verlag für die Überlassung der Rechte an den Notenbeispielen. Sie sind aus der Neuen Bach Gesamtausgabe (NBA) übernommen oder aus deren revidierter Fassung (NBArev).

Da die Nummerierung der Sätze in den verschiedenen Ausgaben schwankt, habe ich ganz darauf verzichtet und vertraue darauf, dass die Textanfänge zur Identifizierung genügen.

In drei Intermezzi widme ich mich allgemeinen Fragen, die im Zusammenhang mit der Messe, ihrer Entstehung oder ihren inneren musikalischen Gesetzen auftauchen. Der Leser kann sie bei der Lektüre überspringen oder später lesen, wenn er zunächst sich nur mit Gedanken zu den einzelnen Sätzen befassen will.

Ich beginne meine Überlegungen mit einer Aufforderung Albert Einsteins, sich über alles zu wundern. Ich bekenne, mit meinen Gedanken einen anderen Ratschlag von ihm missachtet zu haben; er hat nämlich auf eine Frage nach Bach geantwortet: „Was ich zu Bachs Lebenswerk zu sagen habe: Hören, spielen, lieben, verehren und - das <u>Maul</u> halten!" Ich hoffe mich mit dem Satz „Wes das Herz voll ist, des geht der Mund über" zu entschuldigen, wünsche mir freilich, seinen anderen Forderungen gerecht zu werden und vielleicht manch einen Leser zu mehr „sich wundern", zu mehr „lieben und verehren" anzustiften.

Ostern 2017   Günter Jena

Kyrie und Gloria

Kyrie eleison

Die ersten vier Takte wirken wie ein qualvoller, markerschütternder Urschrei[1], wie das Artikulieren eines heftigen, bedrängenden Urschmerzes. In dissonanten Akkordballungen (a) wird mit dem fünfstimmigen[2] Chor wiederholt das Wort *Kyrie* (Herr) ausgestoßen. Wie ein Ertrinkender verzweifelt seine Arme hochwirft, so recken sich auf das *eleison* (erbarme Dich) Dreiklänge nach oben. Im letzten Takt durchschreiten die 1.Violinen unter Seufzern eine ganze Oktave (b) — eine bei Bach häufig verwandte Formel fallender Sekunden, immer mit „Tränen und Weinen" assoziiert[3]. Chor und Orchester landen auf der Spannung der Dominante.

---

[1] Der Begriff wurde geprägt von Artur Janov, in *Der Urschrei*, 1970. „Ich kann den Schrei nur damit vergleichen, was man vielleicht von einem Menschen hören würde, der ermordet wird."

[2] Zur Bedeutung der Zahlen siehe Seite 29.

[3] Als „subsumtio postpositiva" in der Literatur der Zeit beschrieben. Oft mit Tonrepetierungen erzwungen — wie im Chor der Matthäuspassion *O Mensch bewein dein Sünde groß*; oder aber wie hier durch Bindungen nahegelegt: Das Seufzen ist bei allen abphrasierenden Sekunden unüberhörbar. So erklingt das Motiv wie ein musikalischer Archetyp in der ganzen Musikgeschichte in immer ähnlicher Bedeutung: Etwa im Mozart-Requiem oder im Deutschen Requiem von Johannes Brahms. Vielleicht ist das einfache *Ach* in einem Tenor-Rezitativ der Matthäuspassion, ein undefiniertes Aufstöhnen also, die passendste Übersetzung dieses kleinen Motivs in Sprache. Es ist tatsächlich ein Urmotiv, jeder hört es mit gleichen Gefühlen. Ein echtes Symbol, dessen abgebrochener Teil seine Entsprechung in körperlichen Vorgängen, in Spannung und Entspannung hat.

Notenbeispiel 1

Es ist ungewöhnlich, dass Bach einen großen chorischen Einleitungssatz nicht mit einem instrumentalen Vorspiel, sondern mit wenigen Takten des Chores beginnt, die die Kernaussage, die Quintessenz des ganzen folgenden Textes in einem einzigen eruptiven Aufschrei zusammenpressen.

11

Die wenigen Takte eröffnen damit den längsten Chorsatz in Bachs Werk, der mit seinen 126 Takten und seiner Aufführungsdauer von ca 9-10 Minuten sogar den gewaltigen Einleitungssatz der Matthäuspassion (90 Takte, ca 8 Minuten) übertrifft.

Wir wissen nicht, warum die Sänger klagen, welcher Schmerz gemeint ist. Und wir erfahren es auch nicht, denn der Schmerz wird nicht benannt. Es ist *jeder* Schmerz gemeint, *jede* Verletzung, *jeder* Verlust, *jedes* eigene Versagen – vielleicht wirklich ein Urschmerz.

Jedenfalls verleiht die Musik – das ist das Wesen von Kunst – diesem Schrei, wie jedem anderen Gefühl auch, Übertragbarkeit, Allgemeingültigkeit. Denn in diesen Takten kann ein jeder *seinen* Schmerz, *seine* Verlorenheit, *seine* Ängste, *seine* Verzweiflung, *sein* ganz eigenes Versagen ausgesprochen finden.

Es ist etwas Archetypisches in unseren Gefühlen. Angst und Schmerz sind Begleiter eines jeden Lebens. Wir entkommen ihnen nicht, indem wir sie verleugnen, verdrängen oder ihnen mit Erklärungen einen Sinn zu geben versuchen, sondern wir befreien uns von ihnen, indem wir ihnen Ausdruck geben.

Als vorgegebene Form, in die wir unseren Schmerz eintragen, als Ventil, durch das der Kessel der bedrängenden Emotionen sich entladen kann, dient Musik. Sie kann helfen, nicht an dem unartikulierten, lautlosen Schmerz der Hoffnungslosigkeit zu ersticken. Sie findet Ausdruck für das Unsagbare. Die Klage wird nicht gemildert, aber sie wird (mit)geteilt.

Hier wird der Schrei an den *Kyrios*, an den „Herrn" gerichtet. In Verzweiflung und Leid erfahren wir eine gefühlte, tiefe Verletzung unseres Selbstwertgefühls. Siegmund Freud beschreibt diese bittere Kränkung mit der Erkennnis: *Wir* sind nicht Herr im eigenen Haus. Anders sind Gefühle nicht zu erklären, die uns oft wie eine fremde, unheimliche Macht beherrschen, uns oft gegen unsere bessere Einsicht, gegen jeden Verstand lenken: Schreckliche Erinnerungen, die uns bis in unsere Träume verfolgen und immer neu traumatisieren; Sorgen, die uns quälen. Aber auch Ideen, die uns wie ein Blitz aus heiterem Himmel „ein"fallen, packen, nicht loslassen und eine neue Sicht der Dinge aufzwingen; oder auch das wunderbare Gefühl, verliebt und, ohne Widerstand leisten zu können, einem anderen Menschen ausgeliefert zu sein. Emotionen sind lebenswichtig. Sie motivieren uns, spornen uns an, machen uns lebendig. Allerdings haben sie einen Januskopf: Auch Verachtung, Wut und Hass sind Gefühle, sogar besonders starke Gefühle; aber sie entwickeln nicht Leben fördernde, sondern Leben tötende Kraft.

Da wir also nicht Herr im eigenen Hause sind, ist es dann nicht einleuchtend, einen HERRN anzurufen, der womöglich Herr in *jedem* Haus ist, der über alles wacht und der alles lenkt? Hier wird der Gott als *Kyrios*, als „HERR" angerufen. Aber Gott hat viele Namen. Keiner kann ihn wirklich nennen. Das ist das Wesen von Transzendenz. Jeder Name ist nur eine Übersetzung; oft, nicht nur im Christentum, eine Umschreibung der Wirkungen des Gottes.

So steht im Text der Messe beispielsweise *Rex* (König) für seine Allmacht, *Pater* (Vater) für seine Fürsorglichkeit, *altissimus* (Höchster) dafür, dass er erste Ursache für alles ist. Die Tiefenpsychologin Ingrid Riedel ersetzt in ihren Vorträgen das Wort Gott, das so leicht abgegriffen wirkt, mit „das Leben selbst". Man könnte auch sagen: „die Liebe selbst". Beides wäre biblisch und ersetzte doch nur eine Umschreibung durch eine andere. Die vielen Menschen, die heute behaupten, sie glaubten an keinen Gott, erliegen einer Selbsttäuschung. Denn Luthers Erkenntnis gilt: *Woran wir unser Herz hängen, das ist unser Gott.* Und etwas, woran sein Herz hängt, hat jeder. Ob aber die heute so gern verehrten Herren Reichtum, Erfolg und Berühmtheit oder Macht verehrungswürdigere Götter sind als Leben und Liebe – das mag jeder für sich entscheiden.

Zurück zur Musik: Was in den ersten Takten eruptiv herausgeschrien war, das wird nun ausführlich und eindringlich in zwei großen Fugen ausgebreitet. Bereits die Wahl dieser Form ist bedeutungsvoll und für Bach charakteristisch: Denn mit der strengen Form legt Bach der Subjektivität der Aussage gleichsam ein haltendes Korsett an. So kann die Klage nicht in allzu persönliches Jammern ausufern, nicht in hilfloses, ohnmächtiges Stammeln abgleiten und gewinnt dadurch Allgemeingültigkeit.

Nach dem Aufschrei der ersten vier Takte folgt also ein ausgedehnter Komplex von zwei Chorfugen, die von einem Orchestervorspiel eingeleitet und durch ein Orchesterzwischenspiel getrennt sind.

Der allem zugrundeliegende musikalische Hauptgedanke spricht sein Anliegen mit einem Thema aus, das in seiner Plastizität ein Wunder an musikalischer Gebärdensprache ist. Dreimal wiederholt es den Grundton „h" auf die Anrede „*Kyrie*" – verleiht ihr mit solchem Insistieren auf einem Ton Nachdruck. Dann folgt eine intensive Gebärde des „*eleison*", des „erbarme Dich": Die Hand der Töne greift nach oben, bittend, flehend, bettelnd – und fällt mit einem Seufzer immer wieder zurück auf den Dominantton fis (a). Sammelt neue Kraft, holt neu Atem und stemmt sich qualvoll, chromatisch angestrengt ein zweites, ein drittes Mal nach oben, nur um immer wieder abzustürzen. Schließlich landet sie auf dem Leitton – der doch eigentlich in die Sicherheit des Grundtons zurückführen soll. Aber in einer letzten, verzweifelten Geste greift die Musik stattdessen in einem gewagten Septsprung nach oben (b), als wolle sie sich in äußerster Not an einem hohen Ton, der Obersext anklammern.

Notenbeispiel 2

Die Spitzennoten (a) des Themas durchschreiten mit ihrer Chromatik der „eleison"-Töne eine Quart aufwärts, (nur das „c" fehlt) und deuten damit eine musikalische Figur an, die im weiteren Verlauf der Messe, wie auch im gesamten Werk Bachs, eine große Rolle spielt und von Zeitgenossen als „passus duriusculus" (ein etwas harter Gang) beschrieben wird.

Ich komme darauf zurück[4], wenn sie uns zum ersten Mal vollständig, wenn auch immer noch verborgen entgegentritt.

Drei kleine Zwischenspiele fordern unsere Aufmerksamkeit, denn sie fügen in beiden Fugen dem Hauptthema neue Gedanken hinzu. Gedanken, die dem Schrei nach Erbarmen Gewicht und neues Gesicht geben.

Das erste: eine Sequenzierung von drei Noten, die mit ihrer einfachen Diatonik die Chromatik des Hauptthemas beruhigen. Sie wirken wie die Zusage: „Selig sind, die da Leid tragen, denn sie sollen getröstet werden"[5].

Notenbeispiel 3

Das kleine Motiv scheint nach der vorausgegangenen Qual des Hauptthemas in beiden Fugen nur eine nahezu belanglose, füllende Formel zu sein, die mit ihrer einfachen Diatonik wie mit einer segnenden Handbewegung die quälende Chromatik des Hauptthemas besänftigt, Entspannung und Lockerung gewährt. Es entpuppt sich aber als Umkehrung des Hauptthemas im nächsten Satz, dem *Christe eleison*. Es verbindet beide Sätze und signalisiert damit, man könne Trost finden, Qual und Leid besonders sicher mildern mit einer Anrufung des Sohns, also des Menschen.

---

[4] Siehe Seiten 25, **78 f.** und 80.
[5] Matth. 5,4.

Ein zweites Motiv wiederholt dreimal die Tritonus-Dissonanz (a), die es mit einer heftigen Handbewegung, mit von einem Anapäst-Rhythmus geschärften Sechzehnteln verjagt.

Notenbeispiel 4

Dieses eigenartig dissonante Intervall von drei Ganztönen wird in der Musiklehre der Zeit als „saltus duriusculus" (ein etwas harter Sprung) beschrieben und steht für den „diabolus in musica", für den Teufel in der Musik. Als würde also hier die Musik beschwörend rufen: „toi, toi, toi" – eine abkürzende, quasi ausspuckende Zauberformel, die nichts anderes bedeutet als „Teufel weg! Teufel weg! Teufel weg!" Mit den gleichen Worten „Hebe Dich hinweg von mir, Satan!" verjagt Jesus den heimtückischen Versucher. Ein Fluch also, mit dem man gern den verführerischen Teufel der Verzagtheit und Verzweiflung verscheuchen darf.

Schließlich als dritter Nebengedanke ein Fortspinnen der Seufzer im „eleison" unter neuem Gesichtswinkel. Obwohl nämlich in beiden Violinen nahezu fortwährend Sekunden erklingen, bindet Bach nur jeweils zwei von vieren so aneinander, dass Seufzer entstehen; die anderen Sekunden stellt er sich offensichtlich ungebunden, lockerer vor. So wirken die nur zwei Takte trotz der Seufzer wie ein Spielzeug, das man unbekümmert hin und her wirft. Vielleicht ist das Lächeln nach überstandener Qual gemeint. Vielleicht will die Musik alles Leid hinweglächeln wie ein Zenmeister oder doch zumindest die Qualen des Seufzenden zurechtrücken in der Hoffnung, dass sich Jesu Wort erfüllt: „Mein Joch ist sanft, und meine Last ist leicht"[6].

Notenbeispiel 5

Den ersten Themendurchgang der Fuge im Chor singen die vier oberen Stimmen allein, nur mit den Continuo-Instrumenten als Abstützung. Erst mit dem letzten, dem Basseinsatz fallen nach und nach die anderen Instrumente ein. Der Chor ist also lange ohne instrumentale Abstützung und ohne tiefste Stimme, ohne Fundament auf sich allein gestellt.

Und doch nicht ganz ohne einen Hoffnungsschimmer: Denn zwei Oboen ergehen sich in weitschweifigen Melismen über den einsetzenden Chorstimmen, als wollten sie ein Zeichen dafür geben, dass die menschlichen Hilferufe nicht völlig einsam im leeren Klangraum erklingen. So wirkt zwar alles haltlos, ohne Bodenhaftung irrend. Und doch nicht ganz ohne Lichtblick. Denn nach der kompakten Orchesterbesetzung der vorausgegangenen Takte wird die nun geradezu erschütternde Leere des Klangraums mit den Oboen wie von den Strahlen zweier kleiner Sonnen erleuchtet. Erst später geben die beiden Oboen ihre Selbstständigkeit auf und begleiten den Chor.

---

[6] Matth. 11,30.

Notenbeispiel 6

Eine Fuge genügt Bach nicht. Ein kurzes Orchesterzwischenspiel umrankt das Thema in den zweiten Violinen und mündet zweimal in die spielerischen und doch schwermütigen, chromatischen Seufzersekunden. Dann beginnt eine zweite Fuge, diesmal mit dem Bass. Nach der tastenden Unsicherheit des fehlenden Fundaments in der ersten Fuge nun also ein De Profundis, ein Schrei aus der Tiefe, der von allen nachfolgenden Stimmen aufgenommen wird, denn auch sie setzen jeweils in nahezu unsanglicher Tiefe ein.

Was eigentlich ist das Beängstigendere? Die Stille der entwurzelten ersten Klage oder das De Profundis des Aufschreis in der zweiten Fuge? Beides verunsichert und beängstigt in höchstem Maß.

19

Christe eleison

Der gewaltige erste Satz des Kyrie beendet die Anrufung nicht. In zwei weiteren Sätzen wird sie fortgeführt; wendet sich nun an den Sohn und an den Geist. Der Sohn wird in einem Duett für zwei Soprane besungen. Es fällt auf, dass mit einer bedeutungsvollen Ausnahme Bach in der Messe immer Duette komponiert, wenn der Text sich an Jesus wendet. Ich komme darauf zurück[7]. Gegenüber dem Klangvolumen des ersten Satzes mit seinem vollen Orchester sind hier neben dem Continuo nur die einstimmig spielenden Violinen eingesetzt. So entsteht ein durchsichtiger, heller Klang.

In wenigen Noten der großen ersten Kyrie-Fuge hatten wir ein Seiten-Motiv kennengelernt, das dort wie eine segnende Gebärde gewirkt hatte. Hier wird es in seiner Intervallfolge umgekehrt und klingt nun, als wolle eine Hand nicht schützend segnen, sondern bittend sich öffnen.

Notenbeispiel 7a   *Notenbeispiel 7b*

Die wenigen Noten werden von einer langen, ausdrucksvollen Melodiekette aufgefangen und fort gesponnen. In ihr fallen gewaltige Aufwärtssprünge auf, die immer wieder tief abstürzen, bevor sie sich weiter nach oben ziehen können (b). Das melodische Prinzip der Kyrie-Fuge wird aufgegriffen, aber die qualvolle Chromatik durch diatonische, mutig zuversichtliche, weite Sprünge verdrängt.

---

[7] Siehe Seiten 49ff.

Notenbeispiel 8

In drei großen Blöcken (dem Zuversicht ausstrahlenden D-Dur, dessen Dominante A-Dur und dessen Parallele h-Moll) wird der Bittruf vorgetragen. Die beiden Gesangsstimmen singen entweder in Parallelbewegung (9a) oder kanonisch einander nachfolgend (9b). Ich komme auf die Bedeutung dieser Einigkeit bzw. Nachfolge zurück[8].

Notenbeispiel 9a

Notenbeispiel 9b

Diese Musik atmet Zuversicht, fast Fröhlichkeit, als dürfe man den Menschen Jesus als freundlichen Mitmenschen, als Schicksals-Kumpan anreden. Ich bin erinnert an den Schluss des Faustus-Romans von Thomas Mann: Dort bricht der Protagonist der Erzählung, der Komponist Adrian Leverkühn, bei der Vorführung seiner letzten Komposition „Dr. Fausti We-

---

[8] Siehe Seiten **49ff**, 72ff,**118ff.**

heklag" über dem Klavier zusammen, nachdem er seinem Publikum erzählt hatte, dass seine Inspiration nur durch einnen Pakt mit dem Teufel zustande gekommen sei. Alle Hörer und Freunde verharren entsetzt in Schockstarre. Nur die einfache bayerische Bauersfrau, bei der Leverkühn gewohnt hatte, war sofort und eher als alle anderen helfend beim Bewusstlosen und rief den Gaffenden zu:

„Macht's, dass weiter kommt's, alle miteinand! Ihr habt's ja ka Verständnis net, ihr Stadtleut. Und da g'hert a Verständnis her! Viel hat er von der ewigen Gnaden g'redt, der arme Mann, und i weiß net, ob die langt. Aber a recht's a menschlich's Verständnis, glaubt's es mir, des langt für all's!"

Menschliches Verständnis sollte „für all's" reichen und helfen wollen, denn auch Gott hat keine anderen Hände zu helfen, als die der Menschen. Aufforderung also, die Hilfe der Mitmenschen anzunehmen. Aber auch, Mitmenschen Hilfe zu leisten, ohne auf Gesetze oder Schicklichkeit zu schielen.

Kyrie eleison

Der dritte Satz, eine abermalige Anrufung des Kyrios, hier ganz gewiss als das dritte, einigende Band der Dreieinigkeit zu verstehen, ist wieder ein Chorsatz. Diesmal ist es eine vierstimmige Fuge über ein Thema mit 14 Noten[9], ein sehr viel

---

[9] Bach scheint damit die Bitte persönlich unterschrieben zu haben, siehe Seiten 26 und 33.

archaischeres Gebilde als die beiden ersten Sätze. Sind die im zeitgemäßen 4/4-Takt notiert, so weist hier der altertümelnde Alla-breve-Takt, dazu die instrumentale Unselbstständigkeit, nämlich das absolute Gleichgehen der Instrumente mit den Singstimmen, auf ältere Vorbilder. Man könnte meinen, um Jahrhunderte in ältere Zeiten zurückversetzt zu werden. Ein Symbol für die immerwährende, seit Urzeiten immer gleiche Not und den immer gleichen Ruf aus ihrer Tiefe.

Der archaisierende Stil wird freilich dramatisch mit Leben erfüllt durch die Intensität der Gebärde und einer emotional aufgeladenen, ausdrucksvollen Harmonisierung. Schon der zweite Ton wird mit einem pathetisch leidenschaftlichen Akkord, dem Neapolitanischen Sextakkord (c), der dritte Ton mit einer Dissonanz, dem Sekundakkord (d) harmonisiert.

Notenbeispiel 10

Das Thema kreist um den Grundton fis (a) mit einem Motiv, das wir auch aus anderen Werken Bachs kennen, zum Beispiel der Arie *Blute nur, du liebes Herz* in der Matthäuspassion.

Notenbeispiel 11

Am eindeutigsten deutet der Text eines Sterbechorals in der Matthäuspassion die wie eine Fessel wirkende Figur. Dort windet sich der Chorbass auf den Text „wenn mir am aller-bängsten" um einen Ton. Angst und Bange kann einem wohl werden, wenn man sich so eingeschlossen, umzingelt, gefesselt fühlt wie hier der Bass.

Notenbeispiel 12

Hier in der Messe greift der Bass mit dem Fugenthema nach dem ersten gescheiterten Versuch abermals aus, diesmal weiter und nur nach oben, um sich von seiner Fesselung zu befreien (b) – wiederum vergeblich, denn erneut landet er auf seinem Ausgangston fis.

Mich erinnert das kleine, sich in Qual windende Motiv an den sterbenden Sklaven des Michelangelo (im Louvre, Paris), der – um seine Fesseln abzustreifen – sich ähnlich qualvoll um sich selbst windet, wie hier die Musik um ihren Grundton.

Michelangelo
Schiave

Laookon mit seinen Söhnen
sterbend, mit Schlangen ringend

24

Oder man mag an den ebenfalls sterbenden Laokoon (in den Vatikanischen Museen, Rom) denken, der und dessen beide Söhne sich aus einem Gewirr von Schlangen und deren zerstörerischen Bissen herauszuwinden versuchen.

Der Bass beginnt den Satz, wieder also ein De Profundis, ein Ruf aus der Tiefe. Die anderen Chorstimmen Tenor, Alt, Sopran folgen. Dieser Chorsatz ist mithin – wie nur wenige in der Messe – vierstimmig[10]. Einmal taucht geheimnisvoll wie eine Hieroglyphe jene chromatische Quart auf, die wir schon im ersten Kyriesatz gehört haben. Dort ist sie in den Spitzennoten des Themas nur angedeutet. Hier ist sie zwar voll ausgeführt, aber im Chorbass eher verborgen und wie eine flüchtige Bemerkung nur einmal kurz eingeworfen.

Als Hauptthema eines ganzen Satzes werden wir die Figur später hören, dort führt sie abwärts gerichtet in den Abgrund des *Crucifixus*. So wird sie in der musiktheoretischen Literatur der Zeit als „passus duriusculus" (ein etwas harter Gang) beschrieben. Das kann man wohl sagen, denn die Enge der Chromatik ist beklemmend. Und die Abwärtsrichtung der Figur lässt in einen Abgrund blicken.

Viel deutlicher als mit dieser Vokabel der zeitgenössischen Musiktheorie entschlüsselt sich die Bedeutung dieser Notenfolge durch die Texte, die Bach ihr unterlegt. Im *Crucifixus* spricht sie vom grausamen Mord, in der Vorlage dazu ist von *Weinen, Klagen, Sorgen, Zagen* die Rede. Sie ist eine bedeutungsvolle Chiffre, die in Bachs Werken, auch in der Messe, nicht

---

[10] Zur Bedeutung von Zahlen siehe Seite 29 ff.

selten erklingt. Freilich meist leicht überhörbar, versteckt in einer unteren Stimme, wie nur nebenbei eingestreut.

Sie ist wohl zuallererst auch eine ganz persönliche Äußerung des Komponisten. So ähnlich, wie er mehr oder weniger versteckt, zum Beispiel in der Anzahl der Noten, oft die Zahl 14 unterbringt. Sie gibt im Zahlenalphabet seinen Namen B A C H wieder und wirkt so immer wie eine ganz private, bekräftigende Unterschrift. Aber indes die Zahlen nicht zu hören sind und so beim Hören zum inhaltlichen Verständnis des Gesagten wenig beitragen, kann ein aufmerksamer Hörer (und das sollte mindestens der Dirigent sein) die Qual der Chromatik hören und als bedeutungsvolle Aussage werten, ja vorsichtig hervorheben, das Ohr des Hörers aufmerksam machen, auch wenn sie gleichsam nur nebenbei vorgebracht wird.

Hier sind die Noten aufwärts gerichtet, also trotz aller chromatischen Bedrängnis hoffnungsvoll nach oben blickend. So scheinen sie ein vorsichtiges, aber (im Bass) fundamentales Zeichen dafür zu sein, dass die Fesselung, die Angst des Hauptthemas erlöst werden kann durch Akzeptieren der Qual, aber zugleich durch hoffnungsvolles Aufwärtsblicken.

Notenbeispiel 13

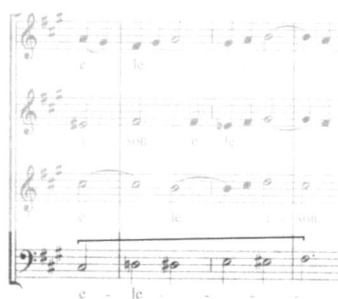

Denn so wie hier, aufwärts gerichtet, kehrt die Figur die Richtung des Gefühls um wie die der Noten. Bach unterlegt sie Texten, die zwar auch von Qual und Bedrängnis sprechen, aber immer auch von Zuversicht und Hoffnung. So rechtfertigen sie die Chromatik ebenso wie die Aufwärtsrichtung der Noten. In einem Choral des Weihnachtsoratoriums (*Brich an, o schönes Morgenlicht*) heißt es auf diese Notenfolge: *soll unser Trost und Freude sein;* in dieser Messe unterlegt Bach die Figur dem *et homo factus est* (und ist Mensch geworden). Einmal – seltener Fall – hat Bach selbst sie gedeutet. Ich komme darauf zurück[11].

Die zuversichtliche Haltung wird bekräftigt von einem kurz danach aufbegehrenden Seitenthema, das mit seinem synkopischen, frech sich vordrängelnden Einwurf gleichsam Gott an Gott erinnert.

Notenbeispiel 14

In einem großen zweiten Abschnitt (ab Takt 35) wird das Hauptthema der Fesselung immer mit zwei Stimmen enggeführt. So endet die Fuge in einer Dichte, die atemlos macht.

Ich finde den gleichen tröstlichen, überraschend hoffnungsvollen Gedanken des aufwärts gerichteten passus in ei-

---

[11] Siehe Seite 78.

ner alten Fabel, die Sheldon Kopp in seinem wunderbaren Buch „Triffst Du Buddha unterwegs" erzählt:

„Wir sind wie der Mann, der sich selbst für den Gefangenen in einer Zelle hält. Er steht am Ende des kleinen, dunklen, öden Raums auf den Zehen. Die Arme nach oben gestreckt, versucht er, sich am Gitter eines kleinen Fensters, der einzigen Lichtquelle im Raum, festzuhalten. Wenn er sich anklammert, sich ganz nah an das Gitter drückt und den Kopf schräg hält, kann er zwischen den oberen Stäben einen winzigen Flecken strahlenden Sonnenlichts sehen. Dieses Licht ist seine einzige Hoffnung, er will es auf keinen Fall verlieren. Er bleibt am Fenster, ans Gitter gepresst und schaut nach oben. Dieser Schimmer von Licht, der ihm das Leben bedeutet, ist so wichtig für ihn, dass er nie auf den Gedanken kommt, davon zu lassen und den dunklen Teil der Zelle zu erforschen. Deshalb entdeckt er nie, dass die Tür am anderen Ende offen ist, dass er frei ist. Er war immer frei, durch die Tür in den hellen Tag zu gehen, wenn er nur losgelassen hätte."

Nur wer sich in seiner Drangsal, in der Katastrophe eines Schicksalsschlags nicht an das Gitter vertrauter, liebgewonnener Vorstellungen und Gewohnheiten klammert, nur wer loslässt und sich ins Dunkel seiner Qual begibt, hat die Chance, auch das Licht neuer Möglichkeiten zu entdecken und sich aus dem Gefängnis klagender Ichbezogenheit zu befreien. Nur er kann sich lösen vom Kreisen um immer den gleichen fehlgeschlagenen Hoffnungston seines Lebens, der doch vielleicht nur ähnlich schwach in das Gefängnis seiner Egozentrik gelangte, wie die wenigen Sonnenstrahlen durch das kleine Gefängnisfenster. Hoffnung ist eine oft sich selbst erfüllende Kraft, wichtiges Stimulans für positive Entwicklung, sodass man mit Recht sagen darf: Nicht die Geschehnisse selbst sind schlimm, sondern ängstliche Wahrnehmung macht sie dazu.

* * * *

Stand der große Eröffnungssatz in h-Moll, die Anrufung des Sohnes in D-Dur, so hier die des Geistes in fis-Moll. Die Tonartenfolge (h-D-fis) ergibt also einen Dreiklang. Der Dreiklang, der drei Töne zu einer Harmonie einigt, steht seit alters als Zeichen der Drei-*Einig*keit. Darüber hinaus umfassen die drei Kyrie-Sätze zusammen genau 270 (= 3x3x3x10) Takte. Beides unverkennbar Hinweis auf die Anrufung einer Dreiheit, die alles Entzweite eint.

* * * *

Intermezzo I Zur Bedeutung von Zahlen

Ein kurzer Exkurs zur Bedeutung der Zahlen bei Bach, vor allem der Zahlen, die in der Messe Bedeutung erlangen. Natürlich haben sie zuallererst architektonische Bedeutung. Es ist nicht schwer zu erkennen, dass die geraden Zahlen Bedeutung haben, weil sie Gegensätzlichkeit ermöglichen. Etwa in dem ständigen Wechsel zwischen betonter und unbetonter Taktzeit im 4/4-Takt. In Aneinanderreihung von Gleichem können sie aber auch Steigerung imaginieren – so in der insistierenden Wiederholung einer Note oder in der bekräftigenden Wiederholung eines Motivs oder eines ganzen Satzteils.

Ebenso offensichtlich, dass ungerade Zahlen wichtig sind, weil sie Achsialsymmetrie ermöglichen, die bergend eine Mitte mit gleichen Gliedern umschließt wie der Mensch seine zentralen Organe in der Mitte seines Körpers. Achsialsymmetrie in der Musik ist also ein zutiefst humanes Prinzip.

Aber hinter der architektonischen Funktion schwingt oft auch eine Bedeutung, ein echtes symbolon. Manche Dinge in dieser Welt sind offenbar nicht nur das, was man ihnen ansieht oder anhört. Sie sind aber auch nicht etwa Anderes als das Offensichtliche, sie sind vielmehr Bruchstücke; Teile, denen ein anderer, geheimnisvoll verborgener Teil hinzugefügt werden müsste, um sie in voller Klarheit erkennen zu können. Solches Zusammenfügen meint das griechische Wort „symbolein" (zusammenfügen). Die Griechen brachen nämlich einfach einen Stab oder einen anderen Gegenstand auseinander: An der Bruchstelle war beim Aneinanderhalten leicht zu erkennen, ob die beiden Teile ursprünglich zueinander gehört hatten. So konnten sie als Erkennungszeichen für Geschäftsfreunde oder Abgesandte von Völkern dienen, die sich durch das passende Teil jederzeit legitimieren konnten.

Die Drei, so sehr sie zuallererst architektonische Bedeutung hat, ist etwa in Taktart, Noten- oder Satzfolge eingesetzt zur Verherrlichung der Dreieinigkeit: jener Synthese, die die Spannung und Zerrissenheit der Ent*zwei*ung überwindet.

Die Vier ist in vielen Sprachen mit „viel" verwandt. In der Erkennung von vier Dingen endet die Wahrnehmung von

Tieren. Aber auch die spontane von Menschen[12]. So verweist die Vier über die Synthese der Drei hinaus auf die Vielfalt der Welt. Auf ihre ehemals nur bekannten vier Elemente (Feuer, Wasser, Erde, Luft); auf ihre vier Himmelsrichtungen; ihre vier Jahreszeiten; ihre vier Grundkräfte (die starke und die schwache Kraft, die elektromagnetische und die Schwerkraft). Die ganze Welt auch der menschlichen Stimmen (Sopran, Alt, Tenor, Bass) ist in der Vierzahl ausgeschritten. Man kann durchaus den Eindruck gewinnen, die seltene Vierstimmigkeit der Messe verweise auf die Fülle, aber auch auf die Heillosigkeit der Welt. Denn die meisten Chorsätze sind fünfstimmig und verweisen damit auf anderes[13].

Der Fünf scheint ähnlich einigende Mächtigkeit zuzuwachsen wie der Drei. Die Mystiker der Alchimisten suchten nach einer fünften Essenz, die die vier damals bekannten Elemente ebenso in sich bündelt und erklärt wie die heutige Physik nach der einheitlichen Kraft sucht, die den vier bekannten Grundkräften zugrunde liegt. Diese fünfte Kraft, die „Quintessenz" ist ebenso wenig wie die Drei eigentlich etwas Neues, sondern das den anderen Zugrundeliegende. Bach besetzt die Messe mit fünf Gesangs-Solisten und meist mit fünfstimmigem Chor. Oft ist es der fünfte Themeneinsatz, der das Anliegen auf den

---

[12] Das berücksichtigt die Schreibweise der römischen Zahlen. Bei vier Strichen hört bei Menschen die spontane Erkennbarkeit auf und es muss ein neues Zeichen gefunden werden. Über das gleiche Phänomen bei Tieren berichtet mit verblüffenden Beispielen Georges Ifrah in seiner „Universalgeschichte der Zahlen".

[13] Bach widmete die Sätze Kyrie und Gloria dem sächsischen Kurfürsten August II. Vokale Fünfstimmigkeit entsprach zwar den festlichen Gewohnheiten am Dresdner Hof. Aber allein die Tatsache, dass drei der insgesamt sieben überreichten Chorsätze vierstimmig sind, lässt auf andere als nur auf diese äußerliche Motivation schließen. Zur Entstehungsgeschichte siehe Intermezzo II, Seite 62.

Punkt bringt – etwa in der ersten Durchführung der ersten Kyrie-Fuge, in der erst der fünfte Einsatz, der des Basses, der Musik Halt, festen Boden unter den Füßen gibt. Deutet alles in diesem opus summum auf eine Quint-Essenz? Auf eine verborgene Wahrheit hinter der Wirklichkeit? Jedenfalls bestimmt die Fünf ähnlich wie die Sieben oder Neun oft, auch hier in der Messe, architektonische Formen Bachs. Nur sie ermöglichen die von Bach so bevorzugte Achsialsymmetrie und setzen damit selbst ein Symbol, das auf die Menschlichkeit der Musik verweist. Denn der menschliche Körper ist achsialsymmetrisch aufgebaut: Zentrale Organe sind von gleichen Gliedern umgeben. Mit ihrer Bezogenheit auf unseren Körper erzeugt Achsialsymmetrie in der Musik ganz unmittelbar das Gefühl tiefer Geborgenheit; ähnlich wie andere Proportionen der Natur und des menschlichen Körpers, etwa die des Goldenen Schnitts[14]. Freilich ist deren bewusste Wahrnehmung nicht nötig, um doch ihrer schier unglaublichen Wirkung auf uns Hörer zu erliegen.

Sieben und Zwölf, die zwei heiligen Zahlen als Summe bzw. als Produkt von Drei und Vier stehen zum Zeichen dafür, dass sich Himmel und Erde begegnen können (folgerichtig steht jede Pastorale, die die Begegnung der Engel und Hirten in der Weihnachtsgeschichte schildert, im 12/8-Takt).

Die Zehn gilt (in Entsprechung zur Zehnzahl unserer Finger) im alten Ägypten, im Alten Testament (zehn Gebote), bei den Pythagoräern ebenso wie etwa bei Augustinus als Zeichen der Vollkommenheit; als Multiplikator auch als Bekräftigung einer Zahl.

---

[14] Zum Goldenen Schnitt siehe Seite 99.

Die Vierundzwanzig ist Zeichen ablaufender Stunden, Symbol für den Lauf der Zeit.

Dieser symbolische Einsatz von Zahlen hat nichts zu tun mit der im Barock beliebten, der Kabbala nachempfundenen Buchstabenverschlüsselung, bei der jeder Buchstabe im Alphabet durchgezählt ist (A=1, B=2, C=3 usw.). Bach setzte oft auch sie ein – beispielweise zur Verschlüsselung seines Namens; denn die Buchstaben B-A-C-H ergeben zusammen die Ziffer 14, die sich oft in seinen Werken, so in der Anzahl der Noten im *Kyrie* II wie eine persönliche Unterschrift findet.

Solche nicht für den Hörer bestimmten Verschlüsselungen sind ein sicherer Hinweis darauf, daß Bachs Musik nicht nach Wirkung schielt. Denn der Hörer nimmt sie nicht wahr. Sie ist vielmehr Ausdruck, Zeugnis dessen, was Bach gedacht und empfunden hat.

Den kleinen, aber bedeutsamen Unterschied in der Zielrichtung des Schaffens – hier das ungezielte Aussprechen dessen, was mich bewegt, dort das Kalkulieren eines Effekts – kennen wir aus dem Nachdenken über gute Werke. Es liegt wohl ein Fluch auf den guten Werken, die um eines Zweckes willen getan werden und sei dieser so achtbar wie das Erlangen der ewigen Seligkeit. Der Hörer hat eine große Sensibilität dafür, ob er eingefangen, geworben werden soll oder ob jemand einfach zweckfrei das ausspricht, was ihn bewegt. Ich denke, die Überzeugungslosigkeit heutiger politischer oder kirchlicher Sprache rührt vielfach daher, daß man ihr die Absicht anmerkt; dass sie, anders als Bachs Musik, kein Zeugnis ablegt. Man zweifelt an ihrer Glaubwürdigkeit.

Aber Zahlen als architektonische Formprinzipien oder als Träger von Symbolen sind sicher wichtiger als zur Verschlüsselung von Buchstaben. Bach fühlte sich an klare, dem Kosmos, dem menschlichen Körperbau nachempfundene Formgestaltung gebunden und dachte dabei offensichtlich mehr als wir in Symbolen. Das macht seine Musik hintergründig. Wieviel er davon bewusst eingesetzt hat, ist letztlich nicht wichtig. Denn sicher gilt, was Richard Wagner sagte: „Der Künstler ist der Wissende des Unbewussten."

Wenn Bach seinem Werk zusätzliche Informationen mitgegeben hat, so waren sie wohl eher ein Ausdruck seiner persönlichen Überzeugungen und Empfindungen, waren mehr eine stille Zwiesprache mit seinem Gott als für den Hörer bestimmt. Es erinnert an die mannigfachen Details gotischer Figuren hoch an den Kirchen, deren Einzelheiten vom Betrachter unten auf der Erde unmöglich gesehen werden können und teilweise erst in den letzten Jahrzehnten bei Restaurierungsarbeiten entdeckt wurden. Sie scheinen eine stumme Zwiesprache der Bildhauer mit ihrem Gott zu sein. Igor Strawinsky hat auf die Frage, ob er mehr für sich oder für den Hörer komponiere, geantwortet: „Selbstverständlich – für Gott!".

Die Entdeckungen aller verborgenen Symbolik untermauern zwar den Ernst der Aussagen, gewähren hinter allen analytischen Beobachtungen einen Blick in die persönliche Geisteshaltung des Künstlers. Aber ich habe sie als Hörer nicht nötig, um die Botschaft zu vernehmen und ihren Ernst zu spüren. Zahlen als Träger von Symbolen steuern zum unmittelbaren Hör-Erlebnis selten etwas bei.

Schon im nächsten Satz freilich doch.

Gloria in excelsis Deo

Denn der erste Teil des Gloria mit dem Text *Gloria in excelsis Deo* (Ehre sei Gott in der Höhe) steht in einem schwungvoll tanzenden Dreiertakt.

Notenbeispiel 15

Die Fortsetzung *et in terra pax hominibus bonae voluntatis* (und auf Erden Friede den Menschen seines Wohlgefallens) dagegen in einem schreitenden, erdenschweren Vierertakt.

Notenbeispiel 16

Der Hörer nimmt den Taktwechsel ganz unmittelbar körperlich wahr und hat damit Anteil an seiner tieferen Bedeutung von Dreieinigkeit und Vielfalt der Welt. Man könnte sagen: Im Himmel wird getanzt, auf Erden mühevoll geschritten. Denn der überschwängliche, in ganzen Takten schwingende $^3/_8$-Takt ist in der ganzen Messe nur drei Sätzen vorbehalten, die deutliche Textbezüge zu himmlischen Sphären haben[15]. Einen ¾-Takt hingegen hören wir öfter, auch in so ge-

---

[15] *Gloria in e x c e l s i s , pleni sunt c o e l i , Osanna in e x c e l s i s .*

gensätzlichen Sätzen wie dem *qui tollis* oder dem *cum sancto spiritu*[16]. Was wir aber empfinden, wenn es uns beim $^3/_8$-Takt in den Füßen zuckt und wir los tanzen wollen, wohingegend wir beim Vierertakt schreiten, marschieren möchten, das ist der körperlich erfahrene Teil einer tieferen Wahrheit. Ein echtes Symbol.

Der Text des Gloria entstammt der Geburtsgeschichte Jesu im Lukas-Evangelium (Kapitel 2). Dort wird er den himmlischen Heerscharen in den Mund gelegt.

Der große Chorsatz, der die Worte der Engel *Ehre sei Gott in der Höhe* vertont, führt zum ersten Mal die festliche Paralleltonart D-Dur ein; dazu Trompeten, die Künder von Herrschern, von Gott. Die tieferen, im Klang weicheren Oboi d'amore der Kyrie-Sätze werden gegen normale Oboen ausgetauscht.

Die erste Trompete kündet das Lob mit einer Fanfare an. Bach genügt aber die Fanfare einer Trompete nicht. Eine zweite, eine dritte folgt mit dem gleichen oder leicht abgewandelten Thema. Streicher und Holzbläser assistieren mit ebenfalls fanfarenhaften Dreiklängen. Mächtige Oktavschritte im Continuo untermauern die festlichen Fanfarenklänge. Man muss nicht die Bedeutung der Oktave kennen, die als das Intervall, das alle anderen in sich birgt und umfasst, nicht nur von Bach als Synonym für Gott oder Herrscher eingesetzt wird; Mächte, die ebenso alles umfassen, über alles herrschen wie die Oktave in der Musik. Die grandiose Geste der ausgreifenden Riesenschritte teilt sich ganz unmittelbar mit.

---

[16] Zu Taktarten und ihrer Zuordnung siehe in Intermezzo III, Seite 100.

Notenbeispiel 17

Nach den ersten Takten übernehmen die Trompeten mit kurzen Einwürfen lange nur noch stützende Funktion, indes die beiden Violinen sich in gebrochenen Dreiklängen des Jubels versichern und endlich die ersten Violinen in ausgreifender Melodik jubilieren, als würden sie die Hände hoch werfen.

Notenbeispiel 18

24 Takte Orchestervorspiel. Die Zahl gliedert sich in drei Achttakt-Gruppen und hat so architektonische Bedeutung, stiftet Proportion. Man mag darüber hinaus daran denken, dass dieses Lob alle 24 Stunden des Tages umfassen soll.

Nach dem instrumentalen Vorspiel übernimmt der Chor – mit zwei Stimmen vorpreschend oder imitatorisch durch alle Stimmen – das Trompetenmotiv, bevor er in Akkord-Blöcken das *Gloria in excelsis* intoniert. Die beiden Hauptmotive des Vorspiels bestimmen auch weiter das Geschehen: Immer wieder die Trompetenfanfaren im Chor und im Orchester, immer wieder die gebrochenen Dreiklänge im Orchester. Ein Katarakt von Jubel und Freude.

Dann, nach genau einhundert Takten bricht das Gotteslob mit dem tänzerischen Dreiertakt ab. Mit dem Friedenswunsch an die Menschen beginnt ein fünfgliedriger großer Formblock. In schreitenden vier Vierteln, dazu in (gegenüber der Grundtonart D-) erniedrigtem G-Dur werden die Worte *et in terra pax hominibus* intoniert. Mit einem synkopischen Einsatz unsicher stolpernd setzen die Stimmen ein, als wären sie voller Zweifel und fürchteten die Unerreichbarkeit des gewünschten Friedens. In Blöcken wandert das Motiv vom Chor über die Streicher zu den Bläsern.

Dem zugrundeliegenden kleinen Motiv mit seinen abphrasierend seufzenden Sekunden waren wir im ersten Kyrie-Chor schon begegnet[17]. Als hätten die Engel im Anblick der Menschen ihre Hoffnung schon fast aufgegeben und könnten den Friedenswunsch nur mit resignierendem Seufzen vortragen –

---

[17] Siehe Seiten 10, Anm. 3.

so sind wir aus dem Himmel des fröhlichen Lob-Tanzes in die kalte Wirklichkeit der Welt vertrieben.

Notenbeispiel 19

Lange Noten in den tiefsten Stimmen deuten auf den Wunsch hin, dass dieser Frieden von Dauer sein möge. Mehrfach beschwört die Musik immer wieder nur die Worte *et in terra pax* (und auf Erden Frieden) – erst langsam löst sich das *hominibus bonae voluntatis* (den Menschen seines Wohlgefallens) heraus.

(Eine kleine Anmerkung: Lange Zeit übersetzte die katholische Kirche den Genitiv „bonae voluntatis" mit den Menschen „guten Willens". Altphilologen versichern mir, dass auch dieser Genitivbezug sprachlich korrekt sei. Aber das griechische Wort im Urtext „eudokias" weist doch deutlich auf das Wohlmeinen Gottes hin und so übersetzte schon Luther: „Den Menschen ein Wohlgefallen", das dann die evang. Kirche unmissverständlicher formuliert mit „den Menschen sein Wohlgefallen". Denn „sola gratia", allein durch Gnade wird dem Menschen Gottes Wohlgefallen geschenkt, er kann und muss es nicht durch „guten Willen" erwerben. So lautet die heutige offizielle Übersetzung der kath. Kirche „den Menschen seiner Gnade".)

Nachdem die Worte vom Chor und Orchester mehrfach in solchen eher homophonen, wenn auch aufgelockerten Blöcken vorgetragen sind, erfahren sie eine Fortsetzung und Vervollkommnung in zwei ausgedehnten Fugen. Die erste beginnt fast schüchtern, denn die Chorstimmen sind allein im weiten Klangraum, werden nur von tupfenden Akkorden des Orchesters begleitet. Wieder setzt (wie in der zweiten Kyrie-Fuge) der 2. Sopran als fünfte Stimme, als zusammenfassende, bekräftigende Quintessens ein.

Im Fugenthema wird – wie in dem vorausgegangenen akkordischen Teil – der Textschluss *bonae voluntatis (seines Wohlgefallens)* zunächst auch nur als fast unbedeutendes, kadenzierendes Anhängsel zum seufzenden Beginn vertont. Dann aber, als besännen sich die Engel des so fast zu unachtsam gesagten *„bonae voluntatis"*, des Wohlwollens Gottes, werden diese zwei Worte mit einem neuen Motiv als Kontrapunkt zum zweiten

Einsatz des Fugenthemas wiederholt. Nun erobern die Noten sich in einem kühnen Dreiklang die Oberoktave und beginnen in dieser hohen Sopranlage eine freundlich lächelnde Koloratur. Freundlich lächelnd, wie eben der Vater auf die Unarten seiner Kinder reagiert, darf das wohl verstanden werden.

Notenbeispiel 20

Die groß angelegte Fuge mündet in einen kurzen dritten Abschnitt, in dem dreimal dem Hörer in Akkordblöcken nur das seufzende *et in terra pax* eingehämmert wird. Als vierter Abschnitt wächst aus diesen Friedenswünschen eine zweite Fuge heraus. Nun, als wäre die Schüchternheit der ersten Fuge überwunden, fällt das volle Orchester ein und begleitet die Fugeneinsätze colla parte, den letzten Einsatz, wieder im 2. Sopran, sogar mit dem leuchtenden Klang des ganzen Trompetenensembles.

Den ganzen, großen Gloria-Satz beschließt ein fünfter Absatz wieder mit akkordischen Blöcken, in dem das *et in terra pax* von kräftigen Trompetenakkorden unterstrichen, dreimal durch Höherrückung um einen Ton gesteigert, so die Zusage des Friedens immer kräftiger beteuert wird. Und wieder wächst aus den Mittelstimmen das vollständige Fugenthema heraus, im Alt sogar mit dem angehängten Kontrapunkt *bonae voluntatis,* im zweiten Sopran von der ersten Trompete in der Oberoktave geradezu Schwindel erregend überhöht.

Der Blick weit nach oben signalisiert: Trotz aller Seufzer – „eudokia", die Gnade Gottes ist eine grandiose Zusage. Der ganze Satz vereint die eher differenzierend erklärende Aussage der Fugen-Polyphonie mit der Homophonie der akkordischen Blöcke, die die Zusage der Engel wie mit gewaltigen Hammerschlägen bekräftigt.

Das Gloria hat seit Urzeiten seinen Platz im Gottesdienst der christlichen Kirchen. Schon in frühen Jahrhunderten wurde ihm der ausgedehnte Hymnus *Laudamus te* als Erweiterung, als Kommentar hinzugefügt.

Damit eröffnet er bei Bach ein hochkomplexes, aber in sich ausgewogenes Gebilde, das den Texten oft neues Gewicht verleiht. Bach gliedert den ausgedehnten Text in strenger Achsialsymmetrie, wie wir sie aus vielen seiner Werke kennen – hier von sieben Sätzen; einer Symmetrie, die im Text nicht angelegt ist und die das *qui tollis peccata mundi* (der du tägst die Sünden der Welt) bedeutungsvoll in die Mitte rückt. Der ganze Kreis des Instrumentariums wird ausgeschritten, denn jede Instrumentengruppe ist mit einer Solo-Arie vertreten: Die Violine für die Streicher; die Flöte für die Labiale; die Oboe für die Rohrblattinstrumente; das Horn für die Blech-Instrumente. Dazu ist jeder der fünf Solisten je einmal besetzt.

Laudamus te

Den ersten Satz, die Arie *Laudamus te* (wir loben dich), übergibt Bach einer überaus virtuos geführten Solovioline, Streichern und jenem 2. Sopran, den wir schon als letzte Stimme der Fugen, gleichsam als besiegelnde Quintessenz kennengelernt hatten. Die ganze Arie steht in A-Dur, das ist eine Quinte höher als die Grundtonart der Messe D-Dur. Es ist gleichsam ein Musizieren im Himmel. Auch im 5. Teil des Weihnachtsoratoriums wird die Grundtonart D-Dur so um eine Quinte erhoben, um dem himmlischen Musizieren *Ehre sei dir Gott gesungen* strahlenden Glanz zu verleihen.

Die Arie wird geprägt von übermütigen Rhythmen der Solovioline. Auffallend besonders die fröhlich steppenden Synkopen (a), sowie die ständige Wiederholung des aufrüttelnden anapästischen Rhythmus kurz – kurz – lang (b), der immer feste Entschlossenheit ausdrückt. Mit ihm erklimmt die Violine durch eine Dezime aufwärts den Himmel (b). Kurz streift sie die seufzenden Sekunden (c), stürmt übermütig durch den Tonraum, um in einer Kette rasender 32tel-Noten zu münden.

Notenbeispiel 21

Die Singstimme bemüht sich nach Kräften, die überaus virtuosen Rhythmen der Solovioline nachzuahmen. So versieht sie die schon in ihrem ersten Takt zur Oberoktave aufsteigende Himmelstreppe mit übermütigen Trillern. Immer wieder aber stammelt sie oder die begleitenden Streicher in Synkopen; immer wieder unterstreichen beide das *adoramus*

(beten wir an), das *glorificamus te* (verherrlichen Dich), sogar das *laudamus te* selbst mit seufzend abphrasierten Sekunden (c):

Notenbeispiel 22

Sie loben aus einem Meer vom Tränen heraus, ja unter eigenen Tränen. Und sei es das Weinen über die eigene Unsicherheit, die eigene Unvollkommenheit – das Lob lässt sich vom Leid dieser Welt nicht einschüchtern.

Auch diese Arie ist in Dacapo-Form achsialsymmetrisch geformt und gibt so dem Jubel und der Anbetung Halt und Bergung. Dabei ist – wie oft bei Bach – das Dacapo, die Wiederholung des ersten Teils, nicht nur frei gestaltet, sondern auch verkürzt. Eine gleichsam perspektivische Verengung, wie wir sie nicht nur optisch erleben, sondern auch in unserem Zeitgefühl, wenn uns etwa eine Strecke auf dem Rückweg deutlich kürzer erscheint als auf dem Hinweg.

Das Laudare, das Loben ist eine wunderbare, das Herz öffnende Tat. Die übermütig sprudelnde Freude der virtuos überschwänglichen Aussage fällt auf den Lobenden zurück und macht ihn glücklich. Vielleicht ist Loben für den Lobenden ebenso wichtig wie für den Gelobten. Zwar wird der Gelobte in seinem Selbstwertgefühl gestärkt, aber der Lobende relativiert zugleich seine Wichtigkeit und stutzt sein Selbstwertgefühl auf ein gesundes Maß. Nicht ohne Bedeutung steht das Laudare am Beginn der sieben Sätze, in denen nun ausgeführt wird, warum und wie wir loben können und sollen.

Gratias

Das anschließende *Gratias agimus* (wir sagen Dank) setzt den Text fort mit einer Ergänzung, *wie* wir loben können, nämlich mit Dank. Es ist interessant zu beobachten, wie Bach zusammengehörige Texte aufbricht, um so mit neuen musikalischen Gedanken der einzelnen Textpassage charakteristischen Ausdruck zu verleihen. Wir werden noch drastische Beispiele hören. Hier scheint es so, als könne zwar der Jubel des Lobens und Anbetens einer individuellen Solostimme anvertraut werden, obwohl auch da von „Wir" die Rede war. Aber der Dank – der kann wohl nur mit vollem Chor, mit der ganzen Schar der Musiker vorgetragen werden. Denn auch das Orchester ist mit allen Instrumenten beteiligt, wenngleich es immer den Chor nur mit gleichen Noten unterstützt, mit Ausnahme zweier Trompeten, die sich am Ende aus dem Verbund der Vierstimmigkeit lösen.

Der Satz mit diesem so gewichtigen Danke-Text ist die Parodie eines Kantatensatzes auf den inhaltlich ähnlichen Text *Wir danken dir, Gott, und verkünden deine Wunder*[18]. In beiden Texten sind deutlich zwei verschiedene Gedanken ausgesprochen. Dies hat Bach veranlasst, eine Fuge mit zwei Themen zu schreiben. Jedem Gedanken ist ein Thema zugeordnet. Dem *Gratias agimus* ein majestätisches, würdevoll in breitem, altertümelnden alla breve Takt dahin schreitendes Thema.

Notenbeispiel 23

Gra - - - ti - as a - - - gi-mus ti - - bi

---

[18] BWV 29.

Dem *propter magnum gloriam* (ob deiner großen Herrlichkeit) ein bewegteres Thema, das insbesondere die *gloriam* (Herrlichkeit) mit einer langen Achtelbewegung hervorhebt wie in der Vorlage die Worte *verkünden* und *Wunder*[19].

Notenbeispiel 24

Jedes der beiden Themen trägt zunächst einzeln verfugt, nacheinander, seinen Text vor. Beide Themen setzen jeweils in kurzen Abständen von einem halben oder einem Takt nacheinander enggeführt ein, als wollten sie sich in ihrem Dank überstürzen. Wenig später erklingen die beiden Themen miteinander, Dank und Ehrerbietung gehören eng zueinander.

Nach der Mitte des Satzes beginnt (in Takt 28) eine letzte Durchführung des ersten Themas. Vom Bass angeführt setzen die Themen wieder in engen Abständen nacheinander ein; die bekräftigende Verdichtung wird nun aber von zwei Trompeten mit eigenständigen Einsätzen fortgeführt und überhöht: Die Vierstimmigkeit des Satzes wird so zur Sechsstimmigkeit erweitert. Ein grandioser Höhepunkt, der den Satz auf einen Umfang von vier Oktaven ausweitet. Die Wirkung ist überwältigend. Man kann sich schwerlich einen großartigeren, festlicheren Dank vortellen. Wie mag sich der Gott fühlen, der solch enthusiastische Ehrung erfährt.

---

[19] In der Vorlage waren die Worte *verkünden* und *Wunder* mit Kolordur-Girlanden hervorgehoben, hier nur das Wort *gloriam*. Das ist ein Beispiel für die kleinen, sorgfältig den Text deutenden Änderungen, die Bach bei einer Parodie vornahm.

Laudare, loben können, ist wichtig, öffnet unser Herz, erlöst uns aus der Isolation der Selbstbezogenheit. Noch bewegender aber verändert uns das Danken, das untrennbar mit dem Loben verbunden ist wie siamesische Zwillinge und das die selbstverständliche Folge eines jeden Lobens sein müsste: Wir sehen das Gute, relativieren das Schlechte oder Böse, öffnen unser Herz, treten heraus aus der Enge unserer Gefühle, treten unter den bergenden Himmel der Güte. „Danken ist eine Liebeserklärung an das Leben" sagt ein Sprichwort. Das Wort ist verwandt mit „denken" (indogermanisch teng), der ursprüngliche Bedeutungszusammenhang spricht also von „etwas in Gedanken halten".

Ich habe einen alten Musikerkollegen, der mir erzählte, er gehe jeden Abend auf den Balkon und sage laut: „DANKE"! Und einen andern, der jeden Abend im Internet eine Kerze entzündet (ja, das geht!) und sich für den Tag bedankt. Keine schlechte Idee, den Tag so zu überdenken und zu schließen, denn e i n e n Grund zum Danken hat gewiss jeder Tag, so viel Unbill uns auch geschehen sein mag.

Wenn wir das tun, haben *wir* Gewinn: Dank wird für den Dankenden zur größten Kraft des Lebens und man kann mit Francis Bacon schlussfolgern:

Nicht die Glücklichen sind dankbar.
Es sind die Dankbaren, die glücklich sind.

So einfach ist das mit dem Glück: Ich muss nicht etwa Glück *haben*, reich geboren sein oder im Lotto gewinnen, um glücklich zu *sein*. Ich muss nur das Pflänzchen meiner Dankbarkeit gießen und werde ein erfülltes, ja glückliches Leben leben.

So konstatiert Jean-Jacques Rousseau:

Vor allem jener Mensch hat am meisten gelebt,
nicht welcher viele Jahre zählt, sondern wer Dank
und immer wieder Dank zu sagen vermochte.

Da Loben und Danken untrennbar zusammengehören, konnte Meister Eckhart sogar postulieren:

Wäre das Wort 'Danke' das einzige Gebet,
das Du je sprichst, so würde es genügen.

*****

Die nächsten drei Sätze gehören textlich eng zusammen. Ihr mittlerer Satz *(Qui tollis peccata mundi)* bildet zugleich die Mitte des ganzen Laudamus-Hymnus. Wie immer teilt Bach also den Text so ein, dass die zentrale Aussage auch im Zentrum der Komposition steht.

Domine Deus

Der erste Satz, ein Duett, vertont überhaupt nur eine Anrede: *Domine Deus, rex coelestis* (Herr Gott, himmlischer König). Erst der zweite und dritte Satz sprechen dann das eigentliche Anliegen aus.

Im Orchester dieses ersten Satzes ist neben den Streichern eine Soloflöte besetzt. Wechselweis erklingt zwischen ihr und den ersten Violinen das Thema (a) anfangs bedeutungsvoll dreimal, bevor es in einer Kette von abphrasierten Sekunden (b) fortgeführt wird – Seufzer, die den ganzen Satz prägen und in die auch die beiden Singstimmen das Hauptthema in ihrem ersten Einsatz abwandeln. Dann lässt die Flöte immer wieder Dreiklänge (c) erklingen – wie eine beschirmend segnende Hand, die in den ersten Violinen in Gegenbewegung und doppelt langen Noten beantwortet wird, als würde der Hörer von oben beschützt und von unten gehalten werden. Die tiefen Stimmen des Continuo wiederholen immer wieder eine Figur, die die alles umfassende Oktave ausschreitet (d).

Notenbeispiel 25

Die Streicher spielen mit Dämpfer und schaffen damit eine ganz eigene, fahle Stimmung, zu der der himmlische, heitere Flötenklang kontrastiert, sich besonders klar abhebt.

Zur Verherrlichung des „Dominus" sind die beiden hohen Stimmen aus dem Quintett eingesetzt: Erster Sopran und Tenor – sie tragen jeweils einen anderen Text vor. Diese Texte entschlüsseln, warum Bach hier und immer wieder in der Messe ein Duett einsetzt, wenn er Jesus anredet: Die beiden Sänger reden zwei verschiedene Personen, zwei unterschiedliche Aspekte des Einen an. Nämlich zuerst *Domine deus, Rex coelestis,* dann kanonisch nachfolgend *Domine fili unigenite Jesu Christe altissime.* Die eine Stimme spricht also vom „himmlischen König", die andere vom „eingeborenen Sohn Jesus Christus". Wie der Sohn dem Vater, so folgt die Stimme, die den „eingeborenen Sohn" verherrlicht, der Stimme des „himmlischen Königs" immer imitierend nach. Bald nach ihren Einsätzen fallen sie in lange Ketten von Terz- bzw. Sextparallelen und demonstrieren so das Einssein der beiden.

Notenbeispiel 26

Im dritten Teil des Duetts wird der „Herr und Gott" nur als das *agnus Dei*, als das Lamm Gottes angerufen.

Notenbeispiel 27

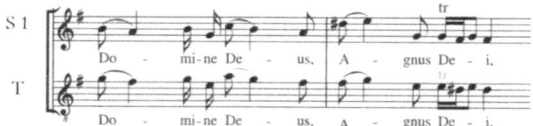

Beide Stimmen singen nun immer in Parallelbewegung: In seinem duldenden Wesen als „Lamm" verschmilzt der Sohn vollends mit dem Vater. Von der ruhig strahlenden Grundtonart G-Dur weicht hier die Musik nach e-Moll aus, der Tonart des im Credo später folgenden, erschreckenden Crucifixus.

50

Die Musik quillt über von einer Verherrlichung der Trinität: Nicht nur wird das Grundmotiv zwischen Flöte und 1.Violinen wechselnd immer dreimal wiederholt. Auch die Taktzahl des Satzes, nämlich 3 mal 30 Takte glorifiziert die Drei. Die daran nur angehängten letzten fünf Takte sind deutlich ein Appendix, eine modulierende Überleitung zum mittleren Satz, dem folgenden Chor.

Qui tollis peccata mundi

Qui tollis peccata mundi, miserere nobis! (der Du trägst die Sünden der Welt, erbarme dich unser!). Auch dieser Satz ist eine Parodie[20], und zwar aus einem frühen Leipziger Jahr.

Der Chor steht – wie könnte es anders sein! – in h-Moll, jener Tonart, die mit dem Ruf *Kyrie eleison* die ganze Messe eröffnet hatte. Die Bitte des Satzes kann wohl nicht mehr nur zwei Sängern, sie muss allen Stimmen übertragen werden. Allen – das heißt hier aber wieder nur vier Stimmen: Die ganze Welt, aber auch deren Heillosigkeit, deren Erlösungsbedürftigkeit schwingt mit.

Zweimal endet der Text mit der Bitte *miserere nobis* (erbarme Dich unser), einmal mit der Bitte *suscipe deprecationem nostram* (erhöre unser Gebet). So entsteht eine Form, die unter allem schwermütigen Flehen mit ihrem Takt und ihrer dreimaligen Anrufung wieder einer Apotheose der Dreieinigkeit gleichkommt.

---

[20] *Schauet doch und sehet,* BWV 46.

Im 3/4-Takt fleht jede Chorstimme dreimal *Qui tollis peccata mundi* mit einem abfallenden Moll-Dreiklang (a), in schwer pulsierenden Repetierungen und mit einem still verzweifelten Aufschrei in einer sich aufreckenden Sext auf die *peccata* (b), die lange angehalten wird als Ausdruck dafür, dass wir an unsere Sünden gefesselt sind. Schweres Pulsieren in gleiehmäßig anschlagenden Vierteln prägt durchgehend auch die Continuo-Stimmen (c) – man spürt das lastende Gewicht der *peccata mundi*. Alles wird unterstrichen durch eine lang anhaltende Seufzerfigur (d) in den Bratschen.

Notenbeispiel 28

Aber wie ein Lichtblick, wie ein Hoffnungsschimmer in aller Dunkelheit setzen nach wenigen Takten zwei Flöten ein. Immer wechselweise legen sie einen Kranz von leuchtenden Sechzehntel-Noten über die Finsternis dieser Musik.

Notenbeispiel 29

Der Satz steht als vierter von sieben in der Mitte des Laudamus-Hymnus. Bachs Formen sind oft achsialsymmetrisch
geordnet, die Mitte hat mit einer zentralen Aussage meist her-
vorgehobene Bedeutung. Dass solche Zentrierung nicht zufäl-
lig entsteht, sondern von Bach absichtsvoll herbeigeführt wird
– das werden wir eindeutig im *Credo* erfahren. Es steht aber
auch hier zu vermuten, denn der im Hymnus Besungene gibt
mit seinem Opferverhalten Anlass, ihn in die bedeutungsvolle
Position zu rücken.

Qui sedes

Der fünfte Satz des Laudamus, die Alt-Arie *Qui sedes ad
dextram patris* (der du sitzt zur Rechten des Vaters), setzt den
Text fort. Die verherrlichende Feststellung, dass der Angeru-
fene einen so ehrenvollen Platz neben dem Gottvater ein-

nimmt, übergibt Bach der Altstimme. Jener Stimme, die wir aus allen Werken Bachs als die einer weisen, Anteil nehmenden, verständnisvollen Frau kennen. Man kann sich gut vorstellen, dass es jene Maria ist, die in vielen Darstellungen des Jüngsten Gerichts neben Jesus steht und also bezeugen kann, dass der zur Rechten Gottes sitzt.

Neben der Altistin ist eine Oboe d'amore mit ihrem weichen, lieblichen Klang eingesetzt. Beide werden vom Streichorchester begleitet. Die ernste h-Moll-Tonart des vorausgegangenen Chores ist beibehalten, dessen Dreiviertel-Takt einem schwingenden, leichteren 6/8-Takt gewichen. In der Form wird die Verherrlichung der Drei fortgeführt. Es sind drei Gesangsblöcke, die jeweils von einem instrumentalen Vorspiel eingeleitet werden.

Das Hauptmotiv beginnt immer wieder mit einem Insistieren auf einem (meist dem Grund-)Ton, der von einer Wechselnote bekräftigt wird. In dieser Hartnäckigkeit scheint es zu beteuern „ja, ja gewiss!" Alsbald fächert es sich auf zu einer langen Kette von Sechzehntel-Noten, die wie ein großartiger Lorbeerkranz um den besungenen Gottessohn wirkt.

Notenbeispiel 30

Quoniam

Im darauf folgenden *Quoniam tu solus sanctus, tu solus dominus, tu solus altissimus* (denn du allein bist heilig, du allein der Herr, du allein der Höchste) setzt Bach zur Verherrlichung des Höchsten die tiefste Stimme, den Bass ein. Ein Horn – nach Violine, Flöte und Oboe als Vertreter der letzten Instrumentengruppe, der Blechbläser – bestimmt den majestätischen Charakter der Arie. Die Streicher – vom Continuo abgesehen – schweigen. Stattdessen begleiten zwei Fagotte. Es entsteht mit der Gesangsstimme ein fünfstimmiger Satz nur aus tiefen Stimmen. Also bodenständig, fest gemauert in der Erden. Das Grundmotiv der Arie besteht aus fünf Noten. Es ist von der Oktave geprägt – dem Intervall, das alle anderen in sich umfasst und so zum Zeichen der Totalität Gottes wird.

Notenbeispiel 31

Es ergibt von vorn wie von hinten gelesen die gleiche Notenfolge und unterstreicht damit die unbegrenzte Allgültigkeit des allumfassenden Allmächtigen. Von welcher Seite, aus welcher Perspektive auch immer man es betrachtet: Er bleibt sich gleich. „Ich bin, der ich sein werde" oder „Ich bin das A und das O, (der Anfang und das Ende) [21] .

Solches Experimentieren mit der Notenfolge kennen wir auch aus anderen Werken Bachs. Mir kommt es immer wie ein

---

[21] Offenbarung 1,8.

Spiel mit der Zeit selbst vor: Als könne der Zeitpfeil rückwärts weisen (was unserem Wissen nach nicht möglich ist) und damit unsere Vorstellung vom unerbittlichen Fließen der Zeit aufgehoben werden. Jedenfalls wie ein Spiel mit den Urgegebenheiten des Kosmos, wie – um das berühmte Goethe-Wort über Bach zu zitieren – „sich's etwa in Gottes Busen, kurz vor der Weltschöpfung möchte zugetragen haben". Als alles noch unentschieden war, der Raum keine Konturen, die Zeit keine Richtung hatte. Nicht etwa eine unendlich verlängerte Zeit, sondern eine „Zeit ohne Zeit"[22] erfüllt das Merkmal des „total anderen", einer uns nicht vorstellbaren Jenseitigkeit[23].

Es fällt auf, dass die Singstimme zunächst in ständigen Dreiklängen die Dreieinigkeit und in ausgedehnten Koloraturen den *dominus* bejubelt, bevor sie die allumfassende Oktave des Hauptthemas aufnimmt, auch erst nachdem sie in Septsprüngen Anlauf dazu genommen hat[24]. Beide Merkmale des Gottes sind Musik geworden: Seine Allmacht in der allumfassenden Oktave, seine einigende Dreiheit in den Dreiklängen.

Ein $^3/_4$-Takt und eine (freie) Dreiteiligkeit (wieder im grundierenden D–Dur, in dessen Dominante A-Dur und in dessen Parallele h-Moll) verherrlichen die Dreieinigkeit, deren achsialsymmetrische Form am Ende durch eine wörtliche Wiederholung des instrumentalen Vorspiels vollendet wird. Das Nachspiel gleitet unmittelbar in die abschließende Beteuerung:

---

[22] Paul Gerhard in seinem Lied „Fröhlich soll mein Herze springen" (15. Vers).
[23] Zur Andersartigkeit der Transzendenz siehe Seite 94 ff.
[24] Nur noch ein zweites Mal erklingt die Oktave in der Singstimme. Bezeichnenderweise auf das Wort *Jesu* und verherrlicht damit dessen allumfassende Macht.

cum sancto spiritu

Seite in Bachs Autograph: Letzte Takte der Bassarie *Quoniam tu solus sanctus* und erste Takte des Chores *cum soncto spiritu.*

cum sancto spiritu in gloria Dei patris, amen (mit dem heiligen Geist in der Herrlichkeit Gottes des Vaters. Amen). Der schwungvollen Handschrift Bachs ist die Vitalität und Begeisterung des Schreibers anzusehen. Welch ein Feuer, welche Leidenschaft, welch exaltierte Freude! Ein Jubelchor in geradezu ekstatischem Überschwang und in einer Komplexität sich überlappender Themen, wie er auch im riesigen Ouvre Bachs kein zweites Mal zu finden ist.

Eine großangelegte fünfteilige Form beginnt (wie im *Gloria*) zunächst mit einem überwiegend humophonen Abschnitt, in dem zwei Stimmen mit Einzeleinwürfen die darauf folgenden hämmernden Akkordschläge auf die *gloria Dei* und die lang gehaltenen Akkorde auf *Patris* einleiten, um zweimal in langen Koloraturen der oberen Stimmen auf die *gloria* zu münden.

Die Ideen überstürzen sich, ein Überschwang von vielen Motiven türmt sich in Chor und Orchester übereinander:

a) insistierendes Pochen auf einem Ton,
  das die Aussage ständig aufputscht
  und vorwärts treibt,
b) aufgeregt nach oben auffahrende Skalen,
  als könne es die Sänger nicht auf ihren Sitzen
  halten, als wollten sie aufspringen,
c) Dreiklangsbildungen, die immer von der alle
  Dualität versöhnenden Dreieinigkeit zeugen,
d) Dreiklangsbildungen auch in aufgeregten 16teln,
  die vom Herzrasen des Hörers zeugen,
e) Oktaven in den tiefen Instrumenten,
  Zeichen des Allumfassenden.

Das alles jubelt aber zunächst nur ganze 36 Takte, in den letzten Takten von Trompetenfanfaren überhöht und in die (höhere) Dominanttonart versetzt. Der Jubelchor beginnt damit, den ganzen Kreis der benachbarten Tonarten (A-Dur, h-Moll, fis-Moll, D-Dur) auszuschreiten, als solle das ganze Land in den begeisterten Freudenausbruch einstimmen.

Notenbeispiel 32

Auf der höheren Dominant-Tonart A-Dur, dem Himmel gleichsam ein Stück näher, setzt eine Fuge ein, zunächst nur im Chor ohne Abstützung der Instrumente. Ihr Thema springt mit einer Quarte in den Grundton, jubelt in einer mehrfach nach oben greifenden Geste auf dem *gloria*, um dann den Einsatz des jeweils nächsten Themas mit einer endlosen Koloratur auf das Wort *Amen* zu kontrapunktieren. Dessen händeklatschende Akklamation „es geschehe!" wird musikalisch mit ständig insistierenden Motiv-Wiederholungen und Höherrückungen in einer Eindringlichkeit vorgetragen, wie sie Sprache allein kaum herzustellen vermöchte.

Notenbeispiel 33

Ein Zwischenspiel nimmt die akkordische Motivik des Anfangs auf. An dessen Ende treiben die Trompeten mit kurzen 16tel-Einwürfen das Geschehen an, als wollten sie unentwegt rufen: „Mach schon! Mach schon!"

Notenbeispiel 34

Der Chor lässt sich nicht lange bitten: Er antwortet mit einer zweiten ausgedehnten Chorfuge – jetzt von allen Instrumenten verstärkt. Sie besticht durch ständige Engführung des Themas. Scheineinsätzen nur des Themenkopfes verdichten wie mit einem Zaubertrick die Musik – als würde ein Hexenmeister gleich vier oder fünf Kaninchen hintereinander aus dem Hut zaubern.

Notenbeispiel 35

Ein letzter Abschnitt arbeitet wieder mit dem akkordischen Material des ersten und dritten Formteils. Die 1.Trompete krönt ihn mit einer virtuosen Koloratur und kecken Rhythmen.

Notenbeispiel 36

Hier, im letzten Satz des Gloria (wie im ersten), also fünf Stimmen im Chor und Fünfteiligkeit in der Form. Im ganzen Gloria dazu Aufritt aller fünf Vokal- und aller fünf Instrumentalsolisten: wahrlich eine Quintessenz aller jubelnden Verehrung!

Auch dieser Ausnahmesatz ist offensichtlich eine Parodie, aber eine Vorlage dazu ist nicht überliefert. Wie aus der Art der Anlage und den Korrekturen zu schließen ist, war die Vorlage offensichtlich für vierstimmigen Chor. Man kann nur spekulieren, ob die Erweiterung auf fünf Stimmen mehr den Gepflogenheiten des Dresdner Hofs zu verdanken ist oder auch innere Gründe hatte. Wahrscheinlich Beides. Denn der

Satz bildete ja ursprünglich das Ende der dem König dedizierten Missa brevis und ist jetzt großartiger Abschluss des ersten Messenteils, in dem Bach nicht nur Jubeltöne sondergleichen fand, sondern wohl auch mit der Fünfstimmigkeit das Gloria besonders bedeutungsvoll und festlich beenden wollte.

Intermezzo II Entstehung

Bis hierher kennen wir zumindest die äußere Bestimmung der Musik. 1733 hat Bach Kyrie und Gloria dem (katholischen) sächsischen Kurfürsten und polnischen König Friedrich August II.[25] überreicht mit der Bitte, er möge ihm ein *Praedikat von dero Hoff-Capelle conferieren,* um in Leipzig *der ein oder anderen Bekränkung zu entgehen.* In dieser Form, nicht als ganze Messe, sondern als Missa brevis war das Werk in beiden Konfessionen zu gebrauchen. Es erklang möglicherweise schon in Leipzig bei einem Besuch des sächsischen Kurfürsten, ziemlich sicher jedoch zu dessen Ehren in einem nachmittäglichen Sonderkonzert in Dresden. Es ist nicht wahrscheinlich, aber doch möglich, dass andere Gelegenheiten zur Aufführung für diese Teile auch in Leipzig bestanden. In jedem Fall fällt auf, dass Bach sich in den Jahren nach 1730 von deutschsprachigen Texten abwandte. Es entstanden fünf solcher Kurzmessen mit Kyrie und Gloria und fünf Sanctus-Vertonungen.

---

[25] Als polnischer König August III.

Bis hierher besteht das Werk vermutlich nur aus Parodien früherer, großteils aber verschollener Werke[26]. Solche Übernahmen aus früheren Werken ist eine von Bach häufig geübte Praxis. Sie wird meist mit Zeitdruck erklärt, unter der zu bestimmten Aufführungsterminen Kompositionen vorliegen mussten. Das kann aber gerade im Fall der h-Moll-Messe keine Rolle gespielt haben. Denn die Sätze der Missa brevis stellte Bach 1733 während einer 6-monatigen Zeit der Landestrauer (für Friedrich August I. den Starken) zusammen[27], in der auch keine kirchliche Musik aufgeführt werden durfte und der Kantor also von vielen Pflichten entlastet war. Überdies lässt die kalligraphische Handschrift der übergebenen Stimmen keinerlei Hast erkennen. Auch unter den folgenden Sätzen, mit denen Bach später die Missa brevis zu einer Missa tota ergänzte, finden sich vornehmlich Parodien. Für deren Fertigstellung lag eher noch weniger Zeitdruck vor, denn eine Aufführungsmöglichkeit dafür bestand ganz sicher nicht und somit kein äußerer Fertigstellungszwang[28].

Als Bach in seinen letzten Lebensjahren[29], (sogar erst 1748/1749, kurz vor seimem Tod) daran ging, eine seiner Missa-brevis-Vertonungen zur Missa tota zu ergänzen, wählte er wohl die Sätze (auch aus seinen deutschsprachigen Werken) zur Vervollständigung aus, die ihm am vollkommensten erschienen. Diesen aus älteren Werken parodierten Sätzen unterlegte er den Messen-Text, verbesserte musikalisch aber das

---

[26] Übersicht bei Christoph Wolff Johann Sebastian Bach Messe in h-Moll, Kassel 2009, S. 134.

[27] Die Entstehungszeit ist durch das Wasserzeichen auf dem Notenpapier belegt, das Bach erst ab 1732 benutzte.

[28] Anders Christoph Wolf, siehe Anm. 44, Seite 98.

[29] Näheres bei Christoph Wolf a.a.O. Seite 9 ff.

Vorbild oder fügte sogar völlig neue Gedanken hinzu. So wirken die Messe-Sätze keineswegs als Notlösung, sondern so, als seien sie die eigentliche, endgültige, ausgereifte Fassung. Bachs Autograph liegt heute in der Staatsbibliothek Berlin, wurde 2015 von der Unesco in das „Memory oft the Word" Register aufgenommen und liegt im Faksimile-Druck vor. In einem Konvolut ohne gemeinsamen Titel sind vier Teile mit diesen Überschriften vereint:

No 1 Missa (Kyrie und Gloria)
No 2 Symbolum Nicaenum
No 3 Sanctus
No 4 Osanna, Benedictus, Agnus Dei
    et Dona nobis pacem

Diese Quellenlage hat neben anderen Argumenten Friedrich Smend, den ersten Herausgeber der Messe in der Neuen Bachausgabe, zu der Ansicht veranlasst, die Messe sei kein zusammenhängendes Werk, sondern die Einzelteile seien von Bach nur in einem Konvolut vereint worden ohne die Absicht, damit eine Missa tota zu schaffen. Diesen Darlegungen widersprachen viele Wissenschaftler; Smends Überlegungen gelten heute als widerlegt. Die Herausgeber der Neuen Bachausgabe sahen sich (auch aus anderen Gründen) veranlasst, die Messe in einer revidierten Fassung erneut zu editieren.

Was aber hat Bach überhaupt veranlasst, die Messe zu vervollständigen? Die Verwendung dieser Missa tota erscheint angesichts der gewaltigen Ausmaße und der strengen Zeitvorgaben für Kirchenmusik im damaligen Leipziger Gottesdienst ebenso unmöglich wie in einer katholischen Kirche. So unüblich es zu dieser Zeit gewesen sein mag: Es bleibt nur die unwahrscheinlich klingende Feststellung, dass Bach am Ende seines Lebens beabsichtigte, ein in seiner Aussage universales, auch ökumenisch beide Kirchen verbindendes Werk zu schaffen, in dem er alle seine Gedanken und Gefühle vereinigte – von tiefer Klage bis zu exaltiertem Jubel, von zögerndem Zweifeln bis zu festem Vertrauen, von der Schilderung grausamer Wirklichkeit bis zur strahlenden Vision. Ebenso wie er viele musikalische Stile verband (vom altkirchlichen Gesang bis zur Neapolitanischen Oper), führte er unterschiedliche Satztechniken zusammen (vom Konzertsatz über die Motette, über die Dacapo-Arie zu Fuge und Kanon). So schuf er ein Gebäude von einzigartiger gedanklicher Vielschichtigkeit und emotionaler Tiefe. Eine Aufführung des ganzen Werkes hatte er wohl nicht im Sinn. Vielleicht schuf er es (wie Strawinsky es von seiner Musik formulierte) „für Gott".

Es ist – wie ich finde, einleuchtend – unterstellt worden, dass Bach bei der Niederschrift der letzten Sätze die Nähe seines Todes spürte. So wirkt die Handschrift des Autographs in zunehmendem Maße ungelenk. Wir brauchen aber solche Spekulationen nicht, um zu spüren, dass diese Musik mit einem tiefen, endgültigen Ernst geschrieben ist und zum Ergreifendsten und zugleich Vollkommensten abendländischer Musik gehört. Der Goethefreund Carl Friedrich Zelter bezeichnete sie als „das größte Kunstwerk, das die Welt je gesehen hat".

In der Tat ist die Messe ein einsames Gipfelwerk, dennoch hat sie eine musikalische Umgebung. Luthers in Leizpig gesungenes Kyrielied findet sich in den Spitzennoten der ersten vier Takte; die Messe eines Johann Hugo von Wilderer, die

Bach zum eigenen Gebrauch kopiert hatte, weist Ähnlichkeiten auf. Und dass Bach sich selbst als Glied einer langen Tradition empfand, belegen seine Zitate aus der Gregorianik.

Symbolum Nicaenum

In neun Sätzen vertont Bach das Glaubensbekenntnis, das auf dem Konzil zu Nicaea 381 formuliert worden war. Die alten, ehrwürdigen Aussagen erfüllt Bach mit ganz persönlichen Gedanken und Empfindungen. Er verteilt die Musik nicht gleichmäßig auf die drei Artikel des Textes, sondern Gott Vater wird in zwei, der Sohn Jesus in vier, der Geist in drei Sätzen abgehandelt. Achsiale Symmetrie stellt er dadurch her, dass in der Mitte der neun Sätze drei zusammengehörige Chöre stehen; am Anfang und Ende je zwei ineinander übergehende Chöre. Deren jeweils erster erklingt a-capella und wird von einer alten gregorianischen Weise bestimmt: Zeichen dafür, dass ihr Text seit Urväterzeiten Gültigkeit hat.

Credo in unum Deum

(Ich glaube an den Einen Gott). Der erste Satz ist eine groß angelegte siebenstimmige Fuge, deren gregorianisches Thema aus sieben Tönen besteht und im ersten Takt von sieben Tönen im Continuo abgestützt wird (a).

Die Siebenstimmigkeit wird dadurch erreicht, dass neben fünf Chorstimmen in hohen, für menschliche Stimmen nicht mehr erreichbaren Lagen zwei Stimmen mit Violinen besetzt sind. Eine Apotheose auf die heilige Siebenzahl, in der sich die Drei, die Trinität Gottes und die Vier, die Vielfalt der Welt zu *einem* Universum treffen. Das Continuo schreitet im ersten Takt, unter der ersten langen Note des Tenors mit sieben Noten den Oktavraum aus (a), als liefen die tiefen Instrumente den ganzen Erdkreis (der Musik) aus, bevor sie dann wie ein Uhrwerk ablaufen. Solche gleichmäßige Bewegung in den tiefsten Stimmen kennen wir aus mehreren Werken Bachs. Immer wirkt sie, als sei die Weltenuhr, die Zeit selbst angestoßen, die dann unabänderlich und unaufhaltbar abläuft.

Begann der erste Teil der Messe mit dem U r s c h r e i, so dieser mit dem U r v e r t r a u e n. Das Wort „Credo" bedeutet im Lateinischen (ebenso wie im griechischen Urtext das Wort „pisteuo") zu allererst „ich glaube" im Sinn von „ich vertraue". Für die Bedeutung des Wortes „glauben" im Sinn von „für-wahr-halten" gibt es in beiden Sprachen andere Wörter (im Lateinischen etwa arbitro).

Es gibt ein Urvertrauen in die Grundlagen unseres Daseins, das Menschen wohl in ihren ersten Lebensmonaten durch die Zuwendung ihrer Eltern gewinnen. Ist es stark, kann Leben mit seinen Anforderungen, auch mit seinem Leid besser ausgehalten, ja bewältigt werden. Keiner hat das Vertrauen in das Leben umfassender und kompromissloser gelebt als Jesus.

„Vater" sagt er zu einem Gott, der ihn in den Kreuzestod schickte. In seinem unbeirrten Vertrauen und seiner unvergleichlichen Gewaltlosigkeit ist er Vorbild für wahres Menschsein. Vorbilder fordern zur Nachfolge heraus. In der Musik steht der Kanon für Nachfolge[30]. Auch in der Messe sind die Kanones Ausdruck der Nachfolge oder Aufforderung dazu.

Vertrauen schenkt Ruhe, dafür stehen die langen, ruhigen Noten. Es ist aber kein statischer Zustand, es lebt in der fließenden Zeit in immer neuer Offenheit und Hingabe, dafür stehen die laufenden Noten in den Continuo-Stimmen. Die Fuge ist zudem ein Wunder an kompositorischer Dichte. Ohne irgendwelche Zwischenspiele folgt ein Themeneinsatz dem anderen. Ähnlich darf Vertrauen nicht von Ungewissheit oder Zweifel durchlöchert werden, dann bräche es in sich zusammen. Im Gegenteil: Vertrauen muss immer sich noch steigern können – davon zeugt eine zweite Durchführung der Fuge (ab Takt 18), die den Ablauf um einen Ton nach oben versetzt. Vertrauen muss immer noch wachsen können, davon zeugt der letzte Themeneinsatz im Bass, der das ohnehin schon weit ausgebreitete Thema auf kolossale doppelte Werte vergrößert. Vertrauen muss seine Selbstständigkeit aufgeben, an den Nächsten delegieren können, wie es der zweite Sopran und Alt tun, wenn sie am Schluss in Sextparallelen verschmelzen und so ihre Eigenständigkeit aufgeben. Die Engführung dieser in Sexten aneinander gekoppelten Themen mit dem vergrößerten Thema im Bass ergibt eine unerhörte Verdichtung, die den Satz in unerschütterlich festem Glauben enden lässt.

---

[30] Zur Nachfolge siehe Seite 118 ff. zum *Agnus Dei*.

Notenbeispiel 38

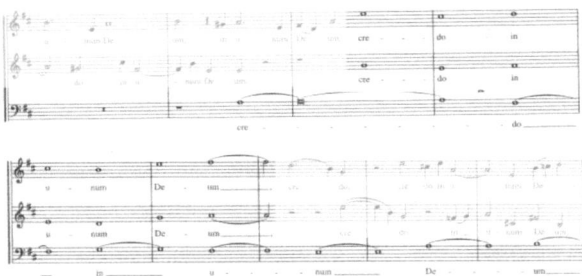

Bis hier hörten wir schon von drei wesentlichen Verhaltensmöglichkeiten gegenüber dem Gott und unseren Mitmenschen: Wir können unseren Schmerz, unser Leid, auch unser Versagen artikulieren, in einem Hilfeschrei herausrufen wie im *Kyrie eleison*. Wir müssen nichts herunterschlucken und uns damit quälen.

Wir können immer wieder loben, überschwänglich und glücklich wie im *Laudamus te* die Leistung und Zuwendung anderer anerkennen. Das schränkt das Kreisen um unser Ego ein, macht demütig und freundlich.

Wir können immer wieder danken wie im *Gratias agimus te*. Das hilft uns, unser Glück zu sehen, reiht uns ein in die unübersehbare Schar der Menschen, die Gutes für uns will.

Und nun das Letzte und sicher Wichtigste: Wir können vertrauen, wie es das Wort *Credo* nahelegt. Vertrauen in die letztendliche Richtigkeit der Welt und all ihrer Geschehnisse macht uns stark und ermöglicht überhaupt erst Leben. Mit dem mutigen Satz von Rilke:

(wir können) *wissen:*

Was geschieht, ist gut.

(Rainer Maria Rilke, aus: Die Weise von Liebe und Tod)

Ob der Gott – wie er auch genannt werden mag (rex, kyrios, pater oder wie auch immer) – unser Vertrauen will und braucht, das können wir nicht wissen. Aber w i r brauchen Vertrauen! Es hilft zu unserem äußeren und inneren Frieden, unserer Menschlichkeit! Voraussetzung für Vertrauen ist Selbstvertrauen, das wir in der Kindheit durch die Zuwendung der Eltern erwerben. Mangelndes Selbstvertrauen führt zu Angst; Angst führt zu Misstrauen; Misstrauen führt zu Verbitterung. So hilft Vertrauen zu einem gelingendem Leben.

Patrem omnipotentem

Der nächste Satz richtet sich an den „allmächtigen Vater". Er übernimmt den Eingangssatz aus einer Kantate mit dem Text: *Gott, wie dein Name, so ist auch dein Ruhm bis an der Welt Ende*[31]. Eine Aussage, die mit dem „allmächtigen Vater, Schöpfer Himmels und der Erde, aller sichtbaren und unsichtbaren Dinge" in der Messe nur näher ausgeführt wird. Bach gestaltet für die Messe den Satz allerdings stark um.

Als könne die Aussage sich nur vom Fundament aus entwickeln, beginnt der Bass mit dem Thema einer Fuge. Das Thema übernehmen dann nacheinander die anderen drei Stimmen des nur vierstimmigen Chores. Ein fünfter Einsatz im Sopran täuscht Fünfstimmigkeit nur vor. Während das Fugengeschehen sich so nach und nach entfaltet, werfen die an Fugeneinsätzen noch nicht beteiligten Stimmen immer wieder mit Akkordblöcken bekräftigend ein: *credo in unum deum.*

---

[31] BWV 171

Notenbeispiel 39

Als wirklich fünfte Stimme tritt mit einem sechsten Themeneinsatz die Trompete hinzu, steigert mit ihrem herrschaft-
lichen Klang die Überzeugung, mit seinem Vertrauen sich an
den wahren Herrscher zu wenden.

Eine zweite Fugendurchführung setzt mit dem Sopran ein
und bewegt sich durch Alt, Tenor, Bass abwärts – also in
Rückwärtsbewegung zur ersten Fugenexposition, sodass der
ganze Satz wie ein gewaltiges Schwungrad wirkt, mit dessen
Dynamik der Schöpfergott gepriesen wird. In einer grandiosen
Schlusssteigerung, die von einem letzten Themensatz im Sopran eingeleitet wird, bekräftigen jubelnde Trompeten die Aussage vom Schöpfer Himmels und der Erden, aller sichtbaren
und unsichtbaren Dinge. Hinter der letzten Note des Satzes
hat Bach die Ziffer 84 vermerkt. Dies ist ein nur selten zu fin-
dender Beweis für die Nähe Bachs zu Zahlen: Er hat nämlich
offenbar nachgezählt und geprüft, dass seine Absicht verwirklicht war: 84 Takte umfasst der Satz und 84-mal wird darin der
pater omnipotens genannt. 84 ist das Produkt aus 7 und 12, die
ihrerseits als Summe bzw. als Produkt von drei und vier die
Zusammengehörigkeit von Himmel und Erde symbolisieren[32].

---

[32] Zur Bedeutung von Zahlen siehe Seite 29.

Der Satz verherrlicht also mit der Zahl seiner Takte und seiner Anrufungen die Begegnung von Mensch und Gott.

Et in unum Dominum, Jesum Christum

Den zweiten Artikel des Nicaenischen Glaubensbekenntnisses, der das Vertrauen auf den „Einen Herrn Jesus Christus" bekräftigt, beginnt Bach – wie später den dritten – mit einer Solo-Arie, hier noch einmal für zwei Singstimmen (1.Sopran und Alt). Wie in den anderen Duetten der Messe als Zeichen dafür, dass zwei Stimmen sich an Vater und Sohn, an die beiden Personen der Trinität richten[33].

Wieder spricht die Musik exemplarisch von der Verschiedenheit und der Gleichheit von Vater und Sohn. Dazu von der Nachfolge des Sohnes. Denn zwei Instrumentalstimmen (jeweils Oboe d'amore und Violinen) wie später die beiden Gesangsstimmen sind über lange Takte imitatorisch, meist streng kanonisch geführt – die eine folgt der anderen oft wörtlich nach. Die zweiten Instrumente ändern aber die Artikulation, bewahren Eigenständigkeit.

Notenbeispiel 40

---

[33] Siehe Seite 49.

Die Singstimmen sprechen mit gleichen Texten, wechseln sich aber (wie die Instrumentalstimmen) in der Führung ab. Einmal geht der Sopran, ein andermal der Alt voraus. Selten nur fallen die Stimmen aus der Kanon-Nachfolge heraus, verschmelzen in Parallelbewegung und werden so eins. Sinnig bei dem Text *Deum verum de Deo vero* (wahrer Gott vom wahren Gott).

Auf die Aussage von der Menschwerdung Jesu *qui propter nos et propter nostram salutem descendit de coelis* (der für uns und für unser Heil herabgestiegen ist aus dem Himmel) fällt die Musik in das Pathos eines Neapolitanischen Sextakkordes der Dominanttonart (a) und seufzende, durch Pausen unterbrochene Ausrufe (b), als müsste sie die Ungeheuerlichkeit mit Pathos betonen und zugleich, aus dem Konzept geworfen, fassunglos nach Atem schnappen.

Notenbeispiel 41

Das *descendit* (herabgestiegen) wird mit weit (durch fast 2 Oktaven) herabfallenden Dreiklängen unterstrichen.

Notenbeispiel 42

Auch dieser Satz hat eine Vorgeschichte. Sein Thema findet sich nämlich – von Bachs Feder durchgestrichen, dort also verworfen – im Autograph einer weltlichen Kantate[34]. Dort war es als Musik zum Duett *Ich bin deine, du bist meine* gedacht – welch sinniges Vorbild auch zur Darstellung der Einheit von Vater und Sohn!

In der Mitte des großen Credo-Teiles folgen nun drei Chöre, die von der Menschwerdung, der Kreuzigung und der Wiederauferstehung des Menschensohns handeln. Alle drei Sätze verherrlichen, obwohl sie eindeutig nur vom Sohn sprechen, in ihrem Takt die Dreieinigkeit: Sie stehen im $^3/_4$-, im $^3/_2$- und wieder im $^3/_4$-Takt.

Et incarnatus

Et incarnatus est (und hat Fleisch angenommen). Den bewegenden Satz von der Menschwerdung hat Bach erst später, wohl nur wenige Monate vor seinem Tod in die Messe eingefügt. Sicher war er seine letzte Chorkomposition. Ich habe oft den Eindruck, sie sei eine letzte visionäre Botschaft des vom Tode Gezeichneten. Ursprünglich war ihr Text im vorausge-

---

[34] *Lasst uns sorgen, lasst uns wachen* BWV 213

gangenen Duett vertont. Dort stand er, gleichsam als eher nebensächliches Anhängsel, in den Takten, in denen jetzt mit dem pathetischen Neapolitanischen Sextakkord und den herabsteigenden Dreiklängen das *qui propter nos homines et propter nostram salutem descendit de coelis"*, also unser Heil gewürdigt und das Herabsteigen charakterisiert wird. Textkongruenz war also schon dort gewährleistet und deren Mangel kann Bach kaum zur Neuschöpfung veranlasst haben.

Der nachträglich eingefügte Satz hat bedeutungsschwerere Themen als die Originalvertonung im vorausgehenden Duett. Verweist er doch neben der Abwärtsbewegung mit seinen seufzenden Sekunden und seinen chiastisch angeordneten Noten noch auf Leiden und Kreuzestod des Herabgestiegenen und gibt dem *et homo factus est,* der Menschwerdung eigenes Gewicht und eigene Gedanken. Zusätzlich steht auch zu vermuten, dass Bach durch die nachträgliche Einführung dieses Satzes die Zahl der Credo-Sätze von ursprünglich acht auf neun komplettieren und damit deren Achsialsymmetrie herstellen wollte. Nun rückt bedeutungsvoll das anschließende *Crucifixus* in die Mitte des Credo.

1 Credo in unum Deum
  2 Patrem omnipotentem
    3 Et in unum dominum
      4 Et incarnatus est
        5 Crucifixus
     6 et resurrexit
    7 Et in spiritum sanctum
  8 Confiteor
9 et expecto resurrectionem

In h-Moll, in der Tonart des Klagens, legt die Musik in tiefer, dunkler Ergriffenheit den geheimnisvollen Satz von der Menschwerdung Gottes aus. Die wieder fünf Chorstimmen fallen in Dreiklängen nieder. Die einstimmig spielenden Violinen ergehen sich in ständigen Seufzerfiguren, die zudem chiastisch verbunden sind: Ihre Noten – würde man sie mit Linien verbinden – ergeben ein Kreuz.

Notenbeispiel 43

Das Continuo pulsiert in ruhig grundierenden Vierteln – zu Beginn 24 mal auf dem gleichen Ton h, gewiss als Zeichen für die Erfüllung der Zeit.

Notenbeispiel 44

Ein zweiter, gleich langer Absatz wiederholt diese Takte auf dem Dominantton fis, als müssten sie in tiefem Erstaunen wiederholt und so hervorgehoben werden.

Ein letzter Abschnitt von nur acht Takten vertont *et homo factus est* [35] (und ist Mensch geworden). Die Seufzer durchziehen auch hier alle Takte, fressen sich am Ende gar ins Fundament, in den Bass und bilden mit den beiden Violinen einen Kanon (c), fordern also zur Nachfolge auf[36]. Intensives Seufzen gehört wohl zum Menschsein. Aber erst in den tiefen, dann in den oberen Stimmen richten sich Dreiklänge nach oben, kehren damit die Erniedrigung um in aufblühende Hoffnung (a). Die oberen Stimmen weiten den Dreiklang sogar bis zur Oktave aus, als solle dieser neue Mensch (eines Tages) die ganze Welt beherrschen. Im Choralt erklingt verborgen, aber damit auch geborgen in der Mitte des Chorklangs, jener qualvolle *passus duriusculus*, den wir schon aus dem Kyrie kennen (b), wieder wie dort aufwärts gerichtet, also „Trost und Freude" verheißend. Hier nun eben auf die Worte *et homo factus est.*

Notenbeispiel 45

---

[35] In dem für Leipzig gültigen Dresdner Gesangbuch war dieser Text mit Großbuchstaben hervorgehoben.
[36] Zur Nachfolge siehe Seite 118 ff. zum *Agnus Dei.*

Nicht der Mensch unserer Erfahrung von unsolidarischem Verhalten, von Hass, Streit und Krieg ist gemeint. Sondern Jesus, der Mensch, wie Gott sich ihn wohl gedacht hat. Als ahne die Musik die Geburt des wahren Menschen.

Seltener Fall: In einer eigenhändigen Unterschrift unter dieser wichtigen chromatischen Figur erklärt Bach in einem überaus kunstvollen Rätselkanon unmissverständlich, was er meint. Er unterschreibt dort: „Christus coronabit crucigeros" (Christus wird die Kreuztragenden krönen). In Bachs Kanon-Autograph ist die Figur in der obersten von drei Stimmen abwärts gerichtet notiert (a), in der Auflösung erklingt sie aber auch aufwärts gerichtet. Die zweite Notenzeile gilt einem anderen, gleichzeitig erklingenden Rätselkanon, die dritte, unterste Zeile notiert einen Bass, den wir aus anderen Werken Bachs – so den Goldbergvariationen – kennen.

Wir dürfen also als sicher unterstellen, dass die Unterschrift in beiden Versionen gilt. Nur wie zu erwarten: Unterlegte Texte der abwärts gerichteten Figur sprechen eindeutig nur vom Abgrund der Qual (*Weinen, Klagen, Sorgen, Zagen* oder hier in der Messe *crucifixus*). Texte der aufwärts gerichteten Figur sprechen eindeutig von Hoffnung und Erlösung aus jeder Qual (*soll unser Trost und Freude sein*). So kann hier wie in den beiden Kyrie-Sätzen dieser Messe die Figur zwar als Ausdruck der Qual, aber noch mehr als Zeichen für Hoffnung und Trost gehört werden.

In Jesus ist der wahre Mensch geboren, der Mensch, der noch in der größten Bedrängnis das Vertrauen nicht verliert und selbst seinen Feinden in Liebe begegnet. Wer ihm nachfolgt, geduldig ist oder eines anderen Menschen Kreuz trägt, wird die Krone des Lebens erringen. Ein Symbol zwar der Qual, aber aufwärts gerichtet eben auch der Hoffnung auf „Trost und Freude".

Oft will mir scheinen, diese wenigen acht Takte wären eine verborgene, zentrale Grundaussage der ganzen Messe, mit der Bach in seinem letzten Lebensjahr eine Quintessenz seines Denkens formuliert und in die bisherige Messe eingefügt hat. Der schier unglaubliche Text wird unterstrichen mit der hoffnungsfroh aufwärts gerichteten Melodik inmitten der geschilderten Erniedrigung und verwandelt die Menschwerdung Jesu in die Ahnung einer Menschheitsmorgenröte: Die Epiphanie des Menschen, so wie ihn Gott sich gedacht hat. Wenn ich griechische Skultpturen ansehe, denke ich: So hat Gott sich den Körper des Menschen vorgestellt. Wenn ich das verständnisvolle, gewaltfreie Verhalten von Jesus betrachte, denke ich: So hat Gott sich das Handeln des Menschen vorgestellt.

Crucifixus

Aber noch ist diese Hoffnung ein Traum, eine unerfüllte Vision. Die Wirklichkeit ist anders. So prägt der eben verborgen nur angedeutete passus duriusculus den ganzen nächsten Satz *Crucifixus etiam pro nobis* (er ist gekreuzigt auch für uns), aber deprimierend abwärts, nur qualvoll erniedrigend in einen Abgrund gerichtet. Gegenüber dem klagenden h-Moll des vorhergehenden Satzes erklingt das eher dramatischere e-Moll. Die Musik klagt nicht mehr – schlimmer: sie schildert ungeschminkt, ohne Anteil nehmendes, klagendes Mitleid das Grauen. Denn Jesus ist von Gott verlassen wie der Häftling in Auschwitz, wie die Mutter in einem sudanesischen Dorf, deren Kind in ihrem Arm vor Hunger stirbt.

Der Satz ist die Parodie des Eingangs-Chores aus einer bereits 1714 entstandenen Kantate.

> Weinen, Klagen,
> Sorgen, Zagen,
> Angst und Not,
> sind der Christen Tränenbrot,
> die das Zeichen Jesu tragen.

Mit der Übernahme in die Messe wird „der Christen Tränenbrot", selbst noch die entsetzlichste „Angst" und selbst die bitterste „Not" des Menschen in Beziehung zum brutalen Mord des Menschensohns am Kreuz gesetzt und dadurch geadelt.

Erstaunlich: Dieser so früh entstandene, älteste Satz der Messe steht unmittelbar neben dem jüngsten, erst im Todesjahr komponierten. Die Komposition der Messe umfasst also genau genommen eine Zeitspanne von ca 35 Jahren! Dennoch entsteht an dieser Nahtstelle kein stilistischer Bruch, denn beide Sätze arbeiten gleichermaßen mit einem im Orchester durchgehenden Motiv. Im *Incarnatus* waren es die Seufzer der Violinen, hier im *Crucifixus* erklingt im Continuo dreizehnmal abwärts gerichtet jener unerbittliche, chromatisch qualvolle Quartgang, der geheimnisvoll, versteckt als Spitzennoten des Kyrie-Rufes oder in einer Unterstimme verborgen oder eben im vorausgehenden *et incarnatus* aufwärts gerichtet schon mehrmals erklungen war und damit die Hoffnung genährt hatte, dass jedem Leidenden „Trost und Freude" verheißen ist. Hier nun abwärts blickt der passus in den tiefsten Abgrund des Menschseins, in die Ermordung eines Unschuldigen.

Das unheimliche Pochen der Continuo-Instrumente in Vierteln hat Bach erst in der Messe eingeführt, in der Vorlage war es noch nicht vorhanden. Flöten und Streicher setzen schwere Akkordschläge auf die Unerbittlichkeit in den unteren Stimmen.

Notenbeispiel 46

Über dem qualvollen passus seufzt der Chor in harten Dissonanzen das grausame „crucifixus" in die Akkordschläge:

Notenbeispiel 47

Besonderes Gewicht bekommen jedes Mal die Worte *etiam pro nobis* (auch für uns)[37]. Wie ein lang gezogener Entsetzens-Schrei schieben sie sich in die Dissonanzen des anderen Textes, im Tenor sogar einmal mit dem „harten Gang" der chromatischen Abwärtsquart (Takt 23 ff).

Notenbeispiel 48

Et homo factus est „auch für uns": Jesus ist d e r Mensch gewesen, den der Gott sich in der Schöpfung gedacht hat und ist damit „auch für uns" Vorbild für wahre Menschlichkeit. Er hat mit dem widerstandslosen Erdulden der Kreuzigung die gepredigte Gewaltlosigkeit gelebt und damit jenen furchtbaren

---

[37] Pastor Jörg Bode aus Hamburg macht mich darauf aufmerksam, dass die Übersetzung auch lauten könnte: „sogar gekreuzigt für uns". Da aber das *etiam* nur in der lateinischen Übersetzung, nicht im griechischen Urtext steht, wird es folgerichtig auch in neueren deutschen Übersetzungen weggelassen.

Zyklus der Gewalt durchbrochen, den wir immer und immer wiederholen. Mahatma Gandhi hat gesagt: „Wenn Du weißt, was recht ist, so stell dich hin und handle wie Jesus: Wenn man dich schlägt, schlage nicht zurück; bleib stehen, wo du bist; weiche nicht aus. – Ich habe gesehen, dass das funktioniert." Zumindest im kleinen Kreis seiner Familie oder seiner näheren Umgebung kann jeder auch diese Erfahrung machen: Es funktioniert!

Am Ende, bei der 13. Wiederholung des chromatischen Ostinatos im Continuo schweigen die Instrumente. Man möchte denken: „Jetzt schlägt's dreizehn!" Entblößt von jeder Abstützung durch das Orchester, allein gelassen intoniert der Chor in abgrundtiefer Lage: *et sepultus est* (und ist begraben). Dazu bekräftigt der Sopran in Parallelbewegung den niederdrückenden Chromatgang des Continuo.

Man könnte meinen: Das endgültige, glanzlose Scheitern ist besiegelt. Aber schon die Modulation dieser wenigen Takte vom drückenden e-Moll ins frühlingshafte G-Dur lässt anderes vermuten. Und so ist es:

Et resurrexit

Unmittelbar – ohne die Vermittlung eines instrumentalen Vorspiels – setzt der Chor mit dem Jubel ein „Und ist auferstanden". Eine Explosion der Freude und der Hoffnung! Mit Pauken und Trompeten, zusammen mit dem ganzen Orchester wird das Unerwartete, Unerhörte besungen. Vier Textabschnitte werden durch instrumentale Zwischenspiele getrennt und mit jeweils neuen, freilich meist ähnlichen Motiven vertont:

Das *resurrexit* (er ist auferstanden) in fröhlich festlichem D-Dur mit einem fanfarenhaften Quartsprung, lachenden Triolen und einer sich wiederholenden 16tel-Figur, der man ein hahahaha unterlegen möchte.

Notenbeispiel 49

Das *ascendit* (er ist aufgefahren gen Himmel) im erhöhten A-Dur übernimmt nur wenig abgewandelt das Auferstehungsmotiv, um es alsbald zweimal in den akrobatischen Sprung einer aufwärts gerichteten Oktave zu erweitern.

Notenbeispiel 50

Das *iterum venturus* (er wird wiederkommen) des Weltenrichters ist (mit dem aufrüttelnden Quartauftakt, aber in Moll) einem daher stürmenden Solo der Bassstimmen vorbehalten – wohl zum Zeichen des Fundamentalen, des einen, übermächtig starken Herrn. Dazu moduliert dieser Textteil in die Tonart der Klage h-Moll.

Abgesehen von musikalisch formalen Gründen (der Ton-artenfolge Tonika – Dominante – Paralleltonart - Tonika) si-cher zu Recht in Moll, wenn man auch an den Weltenrichter denkt, der (etwa in Michelangelos Fresko in der Sistina) mit einer so gewaltigen Geste die Verdammten zu seiner Linken in den Abgrund stürzt, dass sogar Maria neben ihm sich erschau-ernd abwendet. Aber welcher Hörer nimmt an dieser Stelle die klagende Tonart wahr? Viel zu majestätisch ist neben dem *judicare* die *gloria* des Richters ausgeschmückt, viel zu eindeutig die lachenden Triolen, als dass ein Hörer fürchten könnte, er sei von solcher Herrlichkeit ausgeschlossen.

Nachdem die beiden mittleren Textabschnitte wie so oft in anderen Chören in der Dominanttonart (A-Dur) und in der Paralleltonart (h-Moll) vertont sind, führt das *cuius regni non erit finis* (dessen Reich wird sein ohne Ende) zur festlich jubelnden Ausgangstonart D-Dur, auch zum Anfangsmotiv der Aufer-stehung zurück. Verknüpft damit die beiden Gedanken der Auferstehung und der ewigen Herrschaft: Wenn der Tod be-siegt, die Zeit überwunden ist, gibt es kein Ende, auch keinen Anfang mehr. Denn beides kann es nur *in* der Zeit geben. In einer „Zeit ohne Zeit" nicht. In einem Jubel ohnegleichen bringen die Trompeten diesen Auferstehungsjubel in kecken

Triolen, dann in überschwänglichen Sechzehnteln zu Ende, die beharrlich immer wieder auf nur wenige, gleiche Noten pochend, in engen Kreisen sich in die Höhe schrauben.

Notenbeispiel 52

Das Grundthema dieses Satzes ergibt vorwärts wie rückwärts gelesen die gleiche Notenfolge. Eine Erscheinung, die wir schon im *Quoniam tu solus sanctus* kennengelernt und gewürdigt hatten. Sie verweist auf die Zeitlosigkeit der Transzendenz[38].

Notenbeispiel 53

Der Auferstehungsjubel kann erst nach der scheinbaren Totalität des Grabes, des *sepultus est* einsetzen. Auch im Leben fällt es leichter, nach Schicksalsschlägen oder Niederlagen wieder aufzustehen, wenn man liebgewordene Gewohnheiten und Vorstellungen begraben hat, um sich auf Neues einzustellen. Warum sollte das im Sterben anders sein? Auch der vom Schicksal Geschlagene, auch der durch eine Niederlage Er-

---

[38] Siehe Seite 55.

niedrigte weiß oft nicht, wie es in seinem Leben weiter gehen soll. Warum sollte er das Auferstehen nicht hier und jetzt erfahren können?

Et in spiritum sanctum

Der dritte Artikel des Nicaenums richtet sich an den „Heiligen Geist". In erhöhendem A-Dur singen zwei Oboi d'amore (also „Liebes"-oboen) das Lob des Geistes im himmlisch schwebenden 6/8-Takt. Die strömende, schwingende Bewegung des Geistes teilt sich darin ganz unmittelbar mit. Wir hören keinerlei kanonische Führung wie in den Jesus-Duetten. Das Eins-Sein wird vielmehr bekräftigt durch ständige Parallel-Bewegung der beiden Oboen, ja sogar durch ihr Verschmelzen im Unisono-Musizieren: Der Geist vereinigt alles. Der Geist ergänzt auch, so wie sich die Noten der zwei Oboen rhythmisch oft komplementär ergänzen.

Notenbeispiel 54

Dazu singt die tiefste Stimme, der Bass: Der Geist ist Fundament von Allem. Die 12 mal 12 Takte der ganzen Arie verweisen so auf die potenzierte Vollkommenheit (3x4x3x4), die entsteht, wenn der Geist Himmel und Erde sich begegnen lässt.

Nach dem, was ich zu den Duetten über oder an Jesus gesagt habe, könnte man vermuten, hier sei ein Terzett angesagt. Dem ist aber nicht so. Denn der Geist ist eben nicht – wie Jesus – ein Zweites, ein Anderes als Gott, sondern der Geist ist das Merkmal Gottes, das Verbindende, die Synthese, die Gott-Vater und Gott-Sohn zu E i n e m werden lässt. In vielen Religionen wird der Gott als Dreiheit geschildert, oft (so im alten Ägypten) als Vater, Mutter und Sohn, die aber eben als E i n e r , als Dreie i n igkeit betrachtet wurden. Ähnlich eint nur noch die Fünf: Die Alchimisten suchten mit der Quintessenz nicht eigentlich eine neue Essenz, die Physiker suchen mit der Urkraft nicht eine neue Kraft, sondern die Essenz bzw. die Kraft, die den bekannten vier zugrunde liegt.

Confiteor

Confiteor unum baptisma in remissionem peccatorum (Ich bekenne die eine Taufe zur Vergebung der Sünden). Der letzte Satz des Credo ist ohne die Aussage des ersten nicht zu denken: Erst ungebrochenes Vertrauen macht es möglich, auf Lösung aus Verstrickung und Schuld zu hoffen. So sind beide Sätze durch viele gemeinsame Merkmale verbunden. Wie der erste Satz des Credo ist der letzte eine Fuge. Wieder über einer laufenden Bewegung im Continuo als Zeichen der ablaufenden Zeit. Wieder im stilo antico – als stilistischer Rückgriff: Diese Aussage gilt seit Väters Zeiten. Wieder a-capella, zum Zeichen, dass dies Bekenntnis keiner Abstützung bedarf. Und schließlich setzt dieser letzte Satz die gregorianische Weise fort, die im ersten begonnen war.

Die beiden Textteile vertont Bach mit zwei unterschiedlichen Themen. Das erste auf den Text *Confiteor unum baptisma* (Ich bekenne eine Taufe) ist geprägt von der Oktave. Als würde das Thema die ganze Welt umarmen, so soll und kann die Sicherheit meines Bekenntnisses die ganze Welt umfassen wie die Oktave die ganze Welt der Töne.

Notenbeispiel 55

Das zweite auf den Text *in remissionem peccatorum* – (zur Vergebung der Sünden) insistiert mit repetierenden Noten auf der „Vergebung".

Notenbeispiel 56

Erst werden die beiden Textteile mit ihren unterschiedlichen Themen nacheinander in je einer kleinen Fuge vertont, dann übereinander gestellt, gegeneinander verfugt: Sie sind nicht voneinander zu trennen, erweisen sich als zwei Seiten der gleichen Medaille. Ist doch in der Taufe die Lossprechung aller Vergehen zugesagt – wie wunderbar vermag Musik die Zusammengehörigkeit zweier Gedanken vorzuführen, die Sprache immer in ein Nacheinander aufspalten muss.

Einmal ist einem lang gezogenen *peccatorum* jenes chromatische Erlösungsmotiv unterlegt, das wir schon kennen. Trotz aller Sünden werden wir aus jeder Qual gerissen und können „Trost", ja Freude" erfahren.

Notenbeispiel 57

Man denkt an Luthers Ausspruch *pecca fortiter!* (Sündige kräftig!), den er mit der frohen Ermahnung bekräftigte: *sed fortius fide et gaude in Christo, qui victor est peccati, mortis et mundi!* (aber glaube noch stärker und freue dich in Christus, welcher der Sieger ist über die Sünde, den Tod und die Welt!).

Nach der Hälfte des Satzes setzt mit beiden Textteilen jene gregorianische Weise ein, deren voraus gehenden Abschnitt wir im ersten Satz des Credo schon gehört hatten. Zunächst in gewichtigen halben Noten kanonisch zwischen Bass und Alt, später in verdoppelten ganzen Noten im Tenor.

Notenbeispiel 58

Ähnlich, eher noch konzentrierter als das erste Credo ist diese Musik in den wieder fünf Chorstimmen ohne jedes Ausruhen, ohne jedes Zwischenspiel unglaublich dicht verfugt. Die Aussagen türmen sich aufeinander, ja scheinen fast übereinander zu stolpern, so dass man Mühe hat, alles zu hören, was sie sagen; etwa neben dem gewichtigen Kanon zwischen der Gregorianik die zu gleicher Zeit weiter laufende, extrem dichte Doppelfuge mit all ihren Beteuerungen wahrzunehmen.

Der Satz mündet in ein Adagio auf den Text *et expecto resurrectionem mortuorum* (und ich erwarte die Auferstehung der Toten). Als müsse sich der Hörer in das Unglaubliche herantasten, als könne er seine zweifelnde Unsicherheit nicht verbergen, erklingen – immer noch a-capella – 22 Takte Adagio, die zum Geheimnisvollsten aus Bachs Feder gehören. Ständige Chromatik irrt durch viele Tonarten und zeugt von angstvoller Skepsis; enharmonische Verwechslung[39] zeugt von dem Staunen, in das die Überraschung des Textes versetzt und wohl auch von der unerwarteten Verwandlung der Toten.

Autograph (enharmonische Verwechslung)

---

[39] Eine Note bleibt im Klang gleich, wird aber in die im Quintenzirkel weit entfernte einer anderen Tonart – hier c in his – umgedeutet und begründet damit eine weit entfernte Tonart. Ein Überraschungseffekt sondergleichen.

Et expecto

Et expecto resurrectionem mortuorum (und ich erwarte die Auferstehung der Toten).

Notenbeispiel 59

Das geheimnisvolle, unsicher tastende Adagio mündet in einen Jubel ohnegleichen. Nacheinander, ungeduldig brechen alle Instrumente mit Fanfaren-Dreiklängen in Freudenrufe aus. Ein wahrer Katarakt.

Mit immer der gleichen Note pocht der Chor schon auf das *et expecto* (und ich erwarte), erst recht auf die *resurrectionem* (Auferstehung), als wollte er sein Recht einklagen. Und stimmt zuversichtlich, siegesgewiss sogleich auch in die jubelnden Fanfaren ein.

Notenbeispiel 60

Der Freudentaumel der „zukünftigen Welt" und damit das ganze 9-sätzige Credo wird besiegelt von einem Fugato über das Wort Amen. „Wahrlich, gewiss" (das bedeutet das hebräische Wort). Die Musik bekräftigt mit fugen-ähnlich sich nachfolgenden, sich untereinander bestätigenden Einsätzen den Jubel mit exaltierten Chor- und Trompeten-Koloraturen und imaginiert eine Gewissheit, die nicht von Menschen gemacht ist. Oft schon wird im Lauf des *et expecto* in verwegen lachenden Koloraturen gejubelt; in aber geradezu homerisches Gelächter fallen Chor und Orchester hier beim fröhlich bekräftigenden Amen.

Am Ende lachen die beiden Außenstimmen in Parallelbewegung; so umschließen sie schützend die anderen Stimmen. Der Bass jubiliert durch eine ganze Oktave und umfasst damit zugleich die ganze Welt der Töne.

Es ist, als würde das gesamte Universum in schallendes Gelächter ausbrechen, da der Tod überwunden, die Gefängnismauern der Zeit zerbrochen sind.

Die Trompeten nehmen in den letzten Takten die lachenden Koloraturen auf und wiederholen sie hartnäckig immer wieder auf gleichen drei Noten, nicht willens, irgendeine andere Regung zuzulassen, als würden sie ungeduldig rufen: „Ja doch, ja!"

Notenbeispiel 62

Der Satz geht zurück auf eine Ratswahlkantate mit dem Text „Jauchzet ihr erfreuten Stimmen, steiget bis zum Himmel nauf". Und wahrlich: himmelhoch jauchzend ist diese Musik.

„Ich erwarte" das sagt nichts über die Art und Weise der Erfüllung. Wir können nichts wissen von einem Leben nach dem Tod, es gibt keinen Reiseführer des Jenseits. Wie es eine alte Fabel von zwei Mönchen erzählt:

Diese beiden hatten vereinbart, wer von ihnen zuerst stürbe, solle dem anderen in der nächsten Nacht im Traum erscheinen und in knappen Worten sagen, wie es „drüben" sei. Der eine starb und erschien tatsächlich wie vereinbart dem Überlebenden im Traum. Der fragte ihn „Qualiter"? (wie ist es?) „Taliter" oder „aliter"? (so wie wir es uns ausgemalt haben oder anders?). Der Gestorbene antwortete: „Totaliter aliter"! (Total anders)[40].

Das totale Anders, die absolut grundsätzliche Unerfahrbarkeit ist Merkmal von Transzendenz. Physik spricht heute vom „Ereignishorizont", der nicht etwa mit unserem Erkenntnishorizont identisch ist. Unsere Erkenntnisse mögen sich noch so sehr vermehren, es gibt eine Grenze jenseits der uns erfahrbaren Ereignisse, die aus ganz grundsätzlichen Gesetzen nie überschritten werden kann. Das gilt schon von Ereignissen innerhalb unseres Universums, etwa den zahlreichen schwarzen Löchern, in denen der Gravitationskollaps jedes Entkommen von Informationen verhindert und wir nur aus den beobachtbaren Wirkungen Schlüsse ziehen können. Wieviel mehr trifft es auf Seinsweisen jenseits unserer vierdimensionalen Raumzeit zu. Die von vielen Physikern geteilte String-Theorie ergibt beispielsweise die mögliche oder gar die sichere Existenz von Parallel-Universen, die grundsätzlich außerhalb jedes möglichen Erfahrungshorizonts liegen. Hier beginnen die Grenzen zwischen Physik und Metaphysik zu verschwimmen.

Aber wenn wir Vertrauen in die Grundlagen allen Lebens haben, wenn wir zu Gott „Vater" sagen können – warum dann sich nicht freuen wie ein Kind, das vor Weihnachten auch nicht weiß, *was* ihm der Vater schenken wird, aber darauf

---

[40] Diese Fabel verdanke ich dem Hamburger Theologen Helmut Thielicke.

vertraut, *dass* er es beschenkt. Warum also sich sorgen um das, was nach dem Tod kommt? Warum (so Joseph in Thomas Manns „Joseph in Ägypten" zum sterbenden Vorsteher Montkaw) nicht lieber staunen, wie solche Bedenklichkeiten je haben plagen können, „denn alles ist, wie es ist und verhält sich aufs allernatürlichste, richtigste, beste, in glücklichster Übereinstimmung mit sich selbst und mit dir". Die Kraft der Musik fegt alle Bedenken weg und ermöglicht Auferstehung, noch bevor wir ans Jenseits denken. Einfach weil wir Vertrauen haben, können wir nach Niederlagen aufstehen, nach Scheitern neu beginnen und so Auferstehung hier und heute erleben.

Intermezzo III Allgemeine Fragen

Der Schaffensprozess der Messe nimmt lange Jahre in Anspruch. In der Mitte der Credo-Vertonung prallen zwei Sätze aufeinander, deren Entstehung ca 35 Jahre auseinanderliegt. Das Vorbild zum *Crucifixus* ist 1714 in Weimar entstanden; das *Et incarnatus est* mit Sicherheit erst 1750, im Todesjahr Bachs. Das lässt vermuten, die beiden Sätze würden sich deutlich unterscheiden. Dies ist nicht der Fall. Zwar ist die *Crucifixus*-Komposition um einiges prägnanter in ihrer Aussage als die frühe Parodievorlage (die unerbittlich pochenden Viertel im Continuo etwa, die eine so rigorose Unnachgiebigkeit vermitteln, fügte Bach erst in der Messe ein), aber ein signifikanter Unterschied in der Dichte der Komposition, der Stringenz seiner Form und der Plastizität seiner Themen ist nicht zu erkennen. Neu ist in Bachs späteren Lebenjahren nur, dass er nun zu großen, umspannenden Formen[41] neigte oder Sammelwerke[42] zusammenstellte, die in unglaublicher Stringenz auch in ihrer vollen Ausdehnung übergreifenden Gesetzen unterliegen; bisweilen vielleicht auch plastischer formulieren als zum Beispiel die Parodievorlagen. Auch bevorzugte er in seinen Kompositionen die strenge lateinische Sprache gegenüber der blumigen Sprache des Barock.

Man könnte auch konstatieren, dass im Alter Bachs Formkraft eher zunahm, seine Erfindungskaft aber abnahm. Darauf jedenfalls würden die zahlreichen (freilich immer überarbeiteten) Übernahmen aus früheren Werken deuten. Diese Praxis lässt sich aber noch einleuchtender mit dem Wunsch des alternden Bach erklären, Werke, und zwar die ihm am vollkommensten, wertvollsten erscheinenden einer neuen Bestimmung zuzuführen, sie so zu erhalten und womöglich in Sammelwerken zusammenzufassen. Dennoch: Wirklich gravierende Unterschiede zwischen den in verschiedenen Lebensabschnitten geschaffenen Werken sind nicht zu erkennen. Freilich doch in ihrer Bestimmung. Denn wenn er im Alter Werke parodierte, um sie in neuer Bestimmung zu erhalten, so lässt sich doch eine Aufführungsmöglichkeit oft nicht erkennen oder gar nachweisen. Bisweilen nicht einmal der Wunsch nach klanglicher Realsierung[43]. Bach machte sich offenbar zunehmend von Aufträgen und Aufführungszwängen frei und

---

[41] Kunst der Fuge, Messe in h-Moll.
[42] Die vier Teile der Klavierübung.
[43] Wie bei der Messe, bestimmt aber bei der Kunst der Fuge.

komponierte ohne Zweckbindung, was für die Zeit absolut ungewöhnlich war[44].

Dabei darf man unterstellen, dass Bach unabhängig von seinem Alter dann besonders dichte Werke schuf, wenn er emotional stark involviert war. Das trifft mit Sicherheit auf den frühen actus tragicus zu, auch wenn wir den Anlass der Komposition, einen Bach offensichtlich erschütternden Todesfall, nicht kennen. Gleiches darf man sicher einzelnen Sätzen der Messe unterstellen. Denn so unstreitig er für die eher dogmatischen Sätzen (wie *Domine Deus* oder *et in unum Dominum*) große Sorgfalt und tiefe theologische Kenntnis aufbrachte – man meint doch zu spüren, welche Texte für ihn emotional aufgeladen waren (wie *Kyrie eleison* oder *et incarnatus*).

Manchen S c h a f f e n s p r i n z i p i e n blieb Bach lebenslang treu. Sie unterlagen wohl weniger intellektueller Einsicht oder reifender Erfahrung, sondern waren dem Genius eingepflanzt, waren Ergebnis einer exorbitanten Begabung. So ließ ihn sein außergewöhnlicher, immenser Formsinn, eine unglaublich präzise innere Waage zentrale Baugesetze der Natur befolgen; sicherlich, ohne sie nachzurechnen, vielleicht sogar, ohne sie zu kennen. Vornehmlich Goldener Schnitt und Achsialsymmetrie sind Maße der Natur, die sich immer wieder in seinen Werken finden.

---

[44] Christoph Wolf hingegen postuliert, Bach habe nie ohne Aufführungsgelegenheit komponiert und auch für die Messe zumindest die sichere Erwartung einer Aufführung gehabt. Es gibt die Spekulation, ein Abgesandter aus Wien könne ihm den Kompositionsauftrag für eine Aufführung im dortigen Stephansdom erteilt haben.

Der Goldene Schnitt besagt, dass ein kleinerer sich zu einem größeren Teil verhält, wie dieser zum ganzen[45]. Mit oft verblüffender Genauigkeit ist er auch in der Messe zu finden[46].

Neben dem Goldenen Schnitt spielt in Bachs Werk Achsialsymmetrie eine überragende Rolle. Sie rückt einen textlich zentralen Satz in die Mitte der Komposition, wo sie von gleichen oder ähnlichen Gliedern umgeben ist. Dieses Prinzip bestimmt Kyrie und Gloria, ebenso das ganze Credo. Im Credo mag es sogar für die nachträgliche Einfügung eines ganzen Satzes mitverantwortlich sein[47].

Goldener Schnitt und Achsialsymmetrie bestimmen – ähnlich wie der Pulsschlag der Musik[48] – vielfach auch den Körperbau des Menschen. Das mag das Gefühl der Geborgenheit, ja der Menschlichkeit auslösen, das wir beim Hören Bachscher Musik empfinden.

---

[45] Das entspricht annähernd den Maßen 5:8. Da das exakte Verhältnis aus irrationalen Zahlen gebildet ist, sind in der Natur wie in der Kunst immer nur Näherungswerte möglich. Nähere Ausführungen dazu in meinem Buch über die Matthäuspassion, ab Seite 85. Papierformat und Satzspiegel dieses Buches sind im Goldenen Schnitt bemessen.

[46] So trennt er beispielweise die beiden Fugen im Kyrie I (der Goldene Schnitt liegt im Orchesterzwischenspiel, das die beiden Fugen trennt). Auch die autographe Partitur der Messe wie wohl anderer seiner Werke hat ein Format im Goldenen (35 cm x 21,5 cm). Das heute gebräuchliche DIN-Format ist zwar praktischer, weil bei hälftiger Faltung die Proportionen erhalten bleiben, aber weniger elegant. Es war zur Bachzeit unbekannt, wurde nach früheren Entwürfen erst 1922 festgelegt.

[47] Siehe Seite 75 und 80.

[48] Siehe Seite 102 ff.

Welche T a k t a r t Bach für welche Textvertonungen wählt ist offensichtlich von Bedeutung. Den schwungvollen, ganztaktigen $^3/_8$-Takt behält er nur drei Sätzen vor, die alle einen deutlichen Bezug zu himmlischen Sphären haben [49]. Einen ¾-Takt wählt er bei Texten, die Niedergedrücktheit, Verehrung, exaltierten Jubel ebenso umfassen wie geheimnisvoll verinnerlichte Meditation[50]. Ein Alla-breve-, ein $^4/_4$-, oder ein $^4/_2$-Takt hat immer einen deutlichen Bezug zum Verhalten auf Erden und spricht von Klage ebenso wie von Lob, Dank, Vertrauen[51]. Der nur zweimal eingesetzte, in halben Takten schwingende $^6/_8$-Takt scheint wie eine Brücke zwischen Himmel und Erde[52]. Das mag pauschal und bemüht klingen und hat sicher auch keine spezifische Aussagkraft. Aber es bestimmt die Grundempfindung des Satzes und ist so gewiss von Bedeutung.

Freilich lässt sich die Zuordnung der Taktarten zu bestimmten Texten ebenso wenig exakt bestimmen wie die Maße des Goldenen Schnitts oder der Achsialsymmetrie. Denn Kunst ist wie die Natur, wie jedes Leben ungenau. Thomas Mann schreibt im Zauberberg: „Dem Leben schauderte vor der genauen Richtigkeit, es empfand sie als tödlich, als das Geheimnis des Todes selbst".

---

[49] *Gloria in excelsis; pleni sunt coeli; Osanna*, siehe Seite 35.

[50] *Qui tollis, peccata mundi; Quoniam tu solus sanctus; cum sancto spiritu; et incarnatus est. Crucifixus; et resurrexit; Benedictus;*

[51] Die Klagen der drei *Kyrie*-Sätze und des *Agnus Dei*; der ernüchternde Wunsch *et in terra pax*; das Lob von *Laudamus te*; die Anbetung von *Domine Deus* und *et in unum Dominum* und *Sanctus*; der Dank von *Gratias agimus* und *Dona nobis pacem*; das Vertrauen der beiden *Credo*-Sätze, des *Confiteor* und des *et expecto*;

[52] *Qui sedes ad dextram patris; Et in spiritum sanctum.*

Die A u f f ü h r u n g s d a u e r der Messe sprengt jeden gottesdienstlichen Rahmen. Da es zur Bachzeit außerhalb eines Gottesdienstes für geistliche Musik kaum Aufführungsmöglichkeiten gab, konnte Bach nur Teile seiner Messe aufführen und selbst hören. Dazu gehören natürlich alle Parodievorlagen oder nur leicht umgearbeitete Sätze aus früheren Zeiten wie das *Sanctus*. Mutmaßlich sind aber auch Kyrie und Gloria anlässlich der Überreichung der Komposition an den sächsischen König 1733 in der Dresdner Sophienkirche in einem Sonderkonzert aufgeführt worden. Diese Kirche, an der Bachs Sohn Wilhelm Friedemann als Organist wirkte, war nach dem Übertritt des Kurfürsten zum katholischen Glauben evangelisch geblieben[53].

Nach einer damals verbreiteten Zeitbemessung, die Bach offensichtlich in seinen Kantaten beherzigte, käme man für die beiden Teile der Messe auf ca. je 75 Minuten[54]. In meinen Aufführungen der Messe dauerten die beiden Teile jeweils ca. 60 bis 65 Minuten. Der Unterschied zur Berechnung der barocken Festlegung ist aber sicher nicht generationstypisch, son-

---

[53] Siehe Christoph Wolf, a.a.O. Seite 14 ff.

[54] Die „Nachrichten von der Societät der musik. Wissenschaften", der Bach angehörte, macht folgende Angaben: *Aus der Erfahrung kann man das Maaß bestimmen, nemlich eine Kirchenmusik aus 350 Tackten, verschiedener Mensur, wird ohngefähr 25 Minuten Zeit erfordern''*. Demnach dürfte die Missa brevis (Kyrie und Gloria) mit ihren 1.039 Takten ca. 75 Minuten dauern. Nur wenig länger die restlichen Sätze der Missa tota mit ihren 1.175 Takten. Obwohl diese Angabe nur einen statistischen Mittelwert der unterschiedlichen Taktarten benennen kann, trifft sie doch auf die Kantaten Bachs erstaunlich genau zu. Für deren Aufführung war, wie die Mitteilung der Societät vermuten lässt, auch in Leipzig dem Kantor ein Zeitlimit gesetzt, das Bach dann nahezu immer korrekt eingehalten hätte.

dern der notwendigerweise hohen statistischen Ungenauigkeit jeder Berechnung nach Takten anzulasten.

Denn die T e m p o f i n d u n g war wohl zur Bachzeit nicht anders als heute[55], wenngleich sie zu unterschiedlichen Ergebnissen führen mag. Jeder Interpret musiziert, – sicher unbewusst, aber ziemlich sicher – auf seinem eigenen Pulsschlag. Der Pulsschlag des Hörers aber gleicht sich, wie von einem Induktionsstrom geleitet, dem in der Musik gehörten Pulsschlag an[56]. Damit wäre die Frage nach dem angemessenen Tempo nicht historisch zu beantworten, sondern zu messen am durchschnittlichen Puls des Dirigenten bzw. dem seiner Zeit. Dass der nicht nur von Person zu Person, sondern mehr noch in verschiedenen Generationen Unterschiede aufweist, steht zu vermuten. Freilich kaum so krasse wie oft vermutet, denn der Pulsschlag des Menschen hat sich in nicht einmal

---

[55] Musik der Bachzeit war noch in der Tradition der älteren Mensuralnotation verwurzelt, in der der „integer valor notarum" (unveränderte Notenwert) galt. Der wiederum hatte sich nach dem „pulsus aeque respirantis" zu richten, nach dem Pulsschlag eines gleichmäßig atmenden Menschen. In einer Musik, die in Vierteln notiert ist, sind das die Viertel, in einem $3/8$-Takt hingegen der ganze Takt.

[56] Ein Experiment bei einem Vortrag vor Medizinern korrigierte diese Annahme: Während ich ein Bachsches Präludium spielte, hatte ich alle Anwesenden gebeten, ihren Pulsschlag zu messen und zu überprüfen, ob meine Aussage zutreffe, dass dieser sich (nach unten oder oben) dem Puls der gehörten Musik angleiche. Dies traf bei allen ca 60 anwesenden Medizinern zu. Hingegen nicht meine Behauptung, ich werde automatisch auf *meinem* Pulsschlag spielen. Der nämlich war deutlich höher als ich spielte. Nicht erstaunlich, nachdem eine erhitzte Diskussion vorangegangen war. Ganz offensichtlich spielte ich nicht auf meinem augenblicklichen Puls, sondern auf einem Puls, den mein Körper als mir angemessen erinnerte. Solches Körpergedächtnis ist nicht ungewöhnlich und vielfach beschrieben.

drei Jahrhunderten kaum dramatisch verändert. Und der war bestimmt in allen Zeiten maßgeblich fürs Musizieren.

Ein nachträglicher Vergleich einiger Mitschnitte meiner Aufführungen ergab in der Tat bei nahezu allen Sätzen einen normal gesunden Pulsschlag zwischen 60 und 70 Schlägen pro Minute. Mit zwei deutlichen Ausnahmen: Das *cum sancto spiritu* erreichte Werte um oder knapp über 80. Ich finde es legitim, das Tempo des vorausgegangenen (und nahtlos ins *cum sancto* übergehenden) *Quoniam tu solus sanctus* wie bei einem Sprint etwas anzuziehen, Freude des Textes und Exaltation der Musik legen das nahe. Die andere Ausnahme vom Pulsschlag-Normtempo bildete bei mir (und sicher bei vielen Dirigenten) das *et incarnatus*. Ich empfinde das Stück (schon wegen der lastenden Viertel-Wiederholungen im Continuo, die sich als Puls geradezu aufdrängen) durchaus in Vierteln und habe es auch so dirigiert. Aber hier ist bei mir der Puls der Musik fast auf die Hälfte reduziert – als würde auch das Herz bei dieser Wundernachricht vor Ehrfurcht und vor Staunen ruhiger schlagen. Wie die Proportionen der Musik bewirkt ihr Pulsieren auf dem menschlichen Puls die Nähe zum Menschen, lassen das Gefühl tiefer Geborgenheit entstehen.

Die Zuordnung einer T o n a r t zu den einzelnen Sätzen ist eine wichtige und aussagekräftige Entscheidung. Oft liegt sie auf der Hand, bisweilen weicht sie vom Erwarteten ab und interpretiert damit den Text auf überraschende Weise. Es fällt auf, dass die Tonarten mit einer bedeutungsvollen Ausnahme sich im engen Umkreis von h-Moll und dessen Paralleltonart D-Dur bewegen. In anderen Großwerken, etwa der Matthäuspassion, hat er einen viel weiteren Tonartenkreis ausgeschritten. Dort aber klaffen die Emotionen, die die Tonarten bestimmen, viel weiter auseinander als in der Messe. Von Verleumdung, Verrat und Opportunismus bis Empathie und Liebe wird in der Passion erzählt. In der Messe sind die Emotionen nicht etwa weniger tief, aber abstrakter auf wenige Grundmodelle wie Klage, Bitte, Dank oder Hoffnung verdichtet, ohne dass der Anlass dazu geschildert wird. Die ganze Kunst der Fuge dagegen kennt nur *eine* Tonart. So gewaltig ihre Proprotionen sind, spricht sie doch immer von *Einem*: Der Entfaltung eines großen Musikbauwerks aus *einem* Thema.

So überrascht es selten, welche Tonarten Bach in der Messe welchen Texten zuordnet. Dem h-Moll, das der Messe nachträglich ihren Namen gab, sind Texte mit klagenden oder bittenden Anliegen zugeordnet. So

Kyrie eleison
Qui tollis peccata mundi
Qui sedes ad dextram patris
Et incarnatus est

Eher unerwartet: das *Benedictus*. Hier aber verweist die Tonart h-Moll eindeutig auf die in der Historie dem Lobpreis unmittelbar folgende Kreuzigung und verleiht damit dem Text einen tiefen Hintersinn. Auch die intime Besetzung der Arie taugt ja nicht zum Spektakel der schreienden Volksmenge, sondern verweist ebenfalls auf eine meditative Verinnerlichung des Jubeltextes.

In nahen Molltonarten erklingen

Kyrie elsion II (fis)
Crucifixus (e)
Confiteor (fis)

Auf den ersten Blick ist es auch verständlich, dass Bach die festliche, jubelnde Paralleltonart D-Dur einsetzt, wenn der Text von Lob oder Freude spricht. So:

Gloria in excelsis - et in terra pax
Gratias agimus
Quoniam tu solus sanctus
Cum sancto spiritu
Et resurrexit
Et expecto resurrectionem mortuorum
Sanctus
Osanna

Eher unerwartet aber auch die Bittrufe:

Christe eleison
Dona nobis pacem

In beiden Sätzen freilich bedeutungsvoll: Von der Anrufung des Menschen Jesus versprechen wir uns freundlicheres Verständnis als von der Gottes. Und so ist die Klage des *Christe eleison* von Hoffnung und Zuversicht überlagert. In der Friedensbitte des letzten Satzes schwingt die feste Überzeugung, dass sich die Zusage der Engel *et in terra pax* (und Friede auf Erden) erfüllen wird und wir also Grund haben, die freudige Danksagung des *gratias agimus* zu wiederholen.

In nahen Dur-Tonarten erklingen:

Laudamus te (A)
Domine Deus (G)
Credo - Patrem omnipotentem (A-D)
Et in unum dominum (G)
Et in spiritum sanctum (A)

Völlig außerhalb der engen Umgebung von D-Dur und h-Moll steht das g-Moll des *Agnus Dei*. Ganz sicher in tiefer Absicht[57].

Für das W o r t - T o n - V e r h ä l t n i s ist die Frage nur scheinbar oberflächlich, wie viele Worte Bach in wie vielen Takten vertont. Hier sind die Unterschiede extremer als in anderen zeitgenössischen Vertonungen. Für die nur zwei Worte des Eingangssatzes benötigt Bach 126 Takte. Im Domine Deus, einem Satz mit 18, also relativ vielen Wörtern braucht er nur 90 bzw. 94 Takte. Bedeutungsschwere und emotionales Gewicht eines Satzes wird natürlich nicht nur durch dieses Verhältnis bestimmt. Aber sie korrellieren mit der Beobachtung, dass die Sätze mit relativ wenigen Worten und vielen Takten (wie die beiden *Kyrie*-Sätze, wie *et incarnatus*, wie *Confiteor* oder wie *Dona nobis pacem*) gegen die Erwartung, dass Weite auch Lockerheit bedeutet, besonders dicht komponiert sind. Sei es durch ausschweifende Melodik; sei es durch harmonische Weite; sei es durch Dichte der Einsätze, durch das Fehlen von auflockernden, entlastenden unthematischen Takten. Man spürt, wie aufgewühlt Bachs Herz bei manchen Texten war.

Immer aber hatte Bach den scopus, den Sinn und die Bedeutung des ganzen Textes im Sinn, selten den einzelner Wörter. Wohl nimmt er – oft nur mit wenigen Noten eines Themas – Bezug auf das im einzelnen Wort gemeinte Anliegen. So weist das Repetieren und damit Insistieren von Noten auf Beharrlichkeit, mit der er das Wort deuten, gleichsam in die Pflicht nehmen will. Wörter wie *Kyrie* (Herr) oder *remissionem*

---

[57] Siehe Seite 116 ff.

(Vergebung) redet er so, gleichsam fordernd an. Oder so verleiht er dem Wort *eleison* (erbarme dich) Nachdruck, indem er der Qual des Rufes durch Chromatik oder ein hörbares Sich-Winden Ausdruck gibt. Aber selten verfällt er dabei in lautmalerische Formulierung wie in der Matthäuspassion beim Zerreißen des Vorhangs oder dem „Zittern" oder „Beben". Auch die nimmt der Hörer sicher eher synaesthetisch als wirklich lautmalerisch wahr: Den Noten wie dem gehört Nachgeahmten liegt ein gemeinsames Körpergefühl zugrunde.

Dies bestätigt der erste Bach-Biograph Johann Nikolaus Forkel mit seiner Aussage, Bach habe sich im Alter bemüht, *sich nicht auf den Ausdruck einzelner Worte, wodurch bloße Spielereyen entstehen, sondern nur auf den Ausdruck des ganzen Inhalts einzulassen.* Ganz ähnlich hat sich auch der Sohn Philipp Emanuel über seinen Vater geäußert.

Sanctus

Das anschließende *Sanctus, sanctus, sanctus Deus Sabaoth* (Heilig, heilig, heilig ist Gott Zebaoth) ist bereits 1724 entstanden und von Bach in einem Weihnachtsgottesdienst musiziert worden. Der Text regt Bach zu außerordentlicher Ekstase an. Er geht auf eine Vision des Jesaja zurück: Der Prophet sah den Gott, umgeben von Seraphim, von denen ein jeglicher sechs Flügel hatte. „Und einer rief zum andern: Heilig, Heilig, Heilig ist der Herr Zebaoth, alle Lande sind seiner Ehre voll".

So mächtig riefen sie, dass „die Überschwellen bebten von der Stimme ihres Rufens".[58]

Bachs Sanctus verherrlicht in Gott die Quintessenz, den Urgrund allen Seins *und* die Trinität, seine alles einende Kraft. Denn es vertont den Text mit fünf dreistimmigen Klangkörpern: 3 Trompeten, 3 Oboen, 3 Streicher-Oberstimmen, ein 6-stimmiger Vokalchor, der oft in einen 3-stimmigen Ober- und einen 3-stimmigen Unterchor geteilt ist, die sich – wie es im Jesaja-Text heißt – das „Heilig" einander zurufen. Wie wichtig Bach dieses Symbol war, geht daraus hervor, dass er dem bisherigen Orchester nur hier eine dritte Oboe und dem Chor eine zweite Altstimme hinzugefügt hat.

In einem fließenden Vierertakt bewegen sich alle Stimmen immer wieder in Triolen. Der Hörer assoziiert die Vision von Schweben und Flügelschlagen. Immer wiederkehrende sechs Paukenschläge mögen ebenso wie die ständigen Sextakkorde eine Anspielung auf die sechs Flügel der Seraphim sein.

Die 48 Takte des gesamten Satzes gliedern sich in ständige 6- bzw. 12-Takt-Perioden. Das alles kann kein Zufall sein. Bachs Musik ist neben ihrer tiefen Emotionalität auch in bedeutungsvoller Symbolik dem vertonten Text und der Struktur des Kosmos verbunden. Darin u.a. liegt ihre weltumspannende, die Zeiten überdauernde Größe.

Die Continuo-Stimmen fügen solcher Gedankentiefe eine weitere hinzu: In gewaltigen Oktavschritten geben sie zunächst dreimal ein sicheres Fundament auf dem Grundton D, dann steigen sie mit solchen Schritten eines Riesen durch den

---

[58] Jesaja 6, 3.

Tonraum – den Raum eines Gottes, der alles in sich eint wie die Oktave die Töne.

Notenbeispiel 63

Nur in den letzten Takten übernimmt auch das Continuo die engelgleich schwebenden Triolen, erst andeutend, schließlich in einer langen Kette – klares Zeichen für das Wunder, dass der Himmel zur Erde herabsteigt.

Notenbeispiel 64

Wie es von Angelus Silesius beschworen wird:
„Der Himmel senket sich,
er kommt und wird zur Erden."
Freilich fährt Silesius fragend fort:
„Wann steigt die Erd' empor
und wird zum Himmel werden?"

Eine Frage, die wir uns angesichts von Leid und Krieg in der Welt immer wieder stellen. Eine Frage, die in einer Vision am Ende der Messe beantwortet wird.

Das Sanctus mündet nahtlos in den zweiten Satz des Seraphim-Rufes, das *Pleni sunt coeli et terra gloria eius* (voll sind Himmel und Erde seiner Herrlichkeit). Dessen übermütiger $^3/_8$-Takt ist nach dem Sanctus nicht leicht zur Wirkung zu bringen. Es muss gelingen, den Charme und den Schwung des Tanzes gegen die Wucht des Imposanten zur Geltung zu bringen. Beides gehört wohl zu den Seraphim, die Ausgelassenheit des tänzerisch herumwirbelnden Fugatos ebenso wie die Würde des Großartigen und Gewaltigen. Das Thema beginnt insistierend mit ständigen Tonrepetierungen und einem aufgeregten Sextsprung nach oben, auf das Wort *gloria* ergeht es sich in fröhlichen, im Kontrapunkt zum nächsten Themeneinsatz schier endlosen Koloraturen.

Notenbeispiel 65

Wie schon öfters singt der Chor zunächst allein, nur mit Abstützung des Continuo, ohne andere Instrumente beginnen die ersten drei Stimmen mit einer Fugenexposition. Beim vierten Einsatz treten 2.Sopran und 1.Alt in Terzparallelen paarweise auf, als würden sie sich unterhaken, um gemeinsam besser tanzen zu können. Solche Parallelführung von zwei Stimmen wird dann oft wiederholt, auch zwischen Instrumenten und Chorstimmen. Sie prägt den ganzen Satz.

Erst nach 24 Takten tritt die tiefste Stimme, der Bass, zum Jubeltanz hinzu und verleiht ihm seine fundamentale Kraft. Mit diesem Basseinsatz (zusammen mit dem Tenor) fällt das ganze Orchester ein – gleich mit Pauken und Trompeten. Kaum hat der Bass das Thema durchschritten, fährt er mit einem neuen, zweiten Thema fort.

Notenbeispiel 66

Immer wieder wird es (auch vom 2.Alt) eingeworfen, manchmal ins düstere Moll abgewandelt. Den letzten Basseinsatz dieses Themas unterstreichen alle drei unisono spielenden Trompeten.

Osanna, Benedictus, Agnus Dei,
Dona nobis pacem

Osanna

Es ist das Thema des nächsten Satzes, des *Osanna in excelsis* (Hosianna in der Höhe), das da vorweg genommen ist, so die beiden Sätze und damit das Lob der Engel mit dem der Menschen verbindet. Denn sein Text (wie der des anschließenden Benedictus) geht zurück auf die Jubelschreie des Volkes beim Einzug Jesu in Jerusalem[59]. Nach dem Jubelruf der Engelscharen als nun der einer (wie es heißt: „sehr großen") Menschenmenge: Himmel und Erde vereinen sich in ihrer Huldigung.

Der Satz ist aus einer Huldigungskantate[60] auf König August II. übernommen, 1734 zum Jahrestag der Königswahl komponiert und von 600 fackeltragenden Studierenden der Universität Leipzig aufgeführt. Das lässt die riesigen Ausmaße der abendlichen Jubelfeier im Freien erahnen. Das Aufgebot eines großen Orchesters von dreimal je vier Stimmen (3 Trompeten + Pauken, 4 Holzbläser, 4 Streicher), dazu zwei Chöre mit je 4 Stimmen, also insgesamt fünf Gruppierungen zu je 4 Stimmen jubelten dem König zu. Eine wohl ähnlich „sehr große Menge" wie vor Jesus in Jerusalem. Aber mit seinen fünf Gruppen zu je 4 Stimmen gegen die fünf Gruppen zu je 3 Stimmen des Sanctus bedeutungsvoll abgehoben.

---

[59] Matthäus 21,9.
[60] *Preise dein Glücke, gesegnetes Sachsen* BWV 215.

Notenbeispiel 67

Beide Chöre setzen a-capella ein, sogar unisono. Unge-
schützt von stützenden Instrumenten sprechen alle in großer
Einmütigkeit, singen Gleiches. So wird mit Nachdruck das
Jubelthema des Volkes eingeführt, das auch später immer wieder von einem Chor einstimmig ausgerufen wird. Neben diesem Grundthema steht ein zweites Thema mit fröhlichen,
ausgedehnten Koloraturen, das (ab Takt 15) erst im ersten
Chor, danach im zweiten Chor in einem kleinen Fugato
durchgeführt wird. Der jeweils andere Chor ruft immer wieder
unisono mit dem Hauptthema hinein.

Notenbeispiel 68

o - san - na in ex - cel - sis.

Schließlich jubelt ein drittes Fugato durch alle acht Stimmen – wie ein Reigen vom 1.Bass aufwärts zum 1.Sopran und dann zurück vom 2.Sopran zum 2.Bass. In ähnlichem Schwung wie in der Fuge *Patrem omnipotentem*. Überschwänglich nicht nur in der großen Besetzung, sondern auch in der musikalischen Ausführung.

Benedictus

Der Text der Volksmenge beim Einzug Jesu in Jerusalem findet seine Fortsetzung in den Worten *Benedictus, qui venit in nomine Domini!* (Gelobt sei, der da kommt im Namen des Herrn!). Hier in der Messe eine Arie für ein Solo-Instrument, Tenor und Continuo. Die bescheidenste instrumentale Besetzung in der ganzen Messe, dazu in der Tonart h-Moll, die auf den Erniedrigten, auf die Klagerufe verweist. Es verdient Beachtung, dass Bach den Jubelrufen der Volksmenge in Jerusalem folgerichtig zunächst die üppigste Besetzung in Chor und Orchester zugesteht, die Fortsetzung dieser Rufe aber der kleinsten, intimsten Besetzung in der ganzen Messe anvertraut. So entsteht ein Kontrast zwischen extrovertiertem Forte-Klangvolumen und einer in sich gekehrten Piano-Innerlichkeit, wie er größer kaum gedacht werden kann und von Bachs Überlegungen zeugt, die sich am auch heute noch gültigen Inhalt der Worte orientieren, weniger an historischen Umständen.

Das Thema greift weit schon mit seinen ersten vier Noten zur Dezime, als wolle es die ganze Welt umarmen. Liebliche Triolenketten bekränzen den Gebenedeiten. Oktavschritte im Continuo verweisen auf dessen Allmacht.

Notenbeispiel 69

Diese Arie ist ein besonders kostbarer Edelstein unter den kammermusikalischen Juwelen Bachs und gehört zum Innigsten, Intimsten in seinem Werk. Parallelen hat sie allenfalls in manchen langsamen Sätzen der Violin- oder Flötensonaten. Die strahlende Lage des hohen Tenors steht dem nicht im Wege, trägt aber bei zur zwar innigen, aber würdigen Verherrlichung des Messias.

In Bachs Autograph fehlt eine Angabe über die Besetzung des Soloinstruments. Violine oder Flöte – für beides sprechen gewichtige Gründe. Gegen die Violine spricht der Umfang des Solos, das die tiefste Saite der Geige, die G-Saite unbenutzt lässt. Gegen die Flöte spricht, dass das Solo kaum je Zeit zum

Atmen läßt[61]. Dass viele Dirigenten sich für die Violine entscheiden, mag auch einer Reminiszenz an Beethoven geschuldet sein, der das Benedictus in seiner Missa solemnis mit Solo-Violine besetzt. Für mein Empfinden spricht aber auch die Flexibilität des Instruments für Violine.

In der Wiederholung des Osanna wird die Intimität aufgesprengt, die Würde erfährt ihre eruptive Bekräftigung.

Agnus Dei

Agnus Dei, das Lamm Gottes, allein die Person Jesus wird am Ende der großen Messe noch einmal gesondert angerufen; in der dreifachen Anrufung aber schon im Text mit deutlichem Bezug auf die *Dreieinigkeit.* Zweimal endet der Text mit dem Erbarmensruf *miserere nobis (erbarm dich unser),* einmal mit der Bitte *dona nobis pacem (schenk uns Frieden).* Die letzte Bitte spaltet Bach ab und gibt ihr mit einem Chor eigenes Gewicht.

Die Anrede und die Bittrufe ums Erbarmen aber vertont er in einer Arie. Deren Tonart fällt völlig aus dem Rahmen der Messe, mit g-Moll ist sie die einzige B-Tonart innerhalb des h-Moll-Klagens und D-Dur-Jubelns. Damit betont sie das Besondere der Arie, lässt sie wie einen erratischen Block wirken. Sie ist eine Parodie aus dem Himmelfahrtsoratorium, das um 1730 entstanden ist, möglicherweise also in zeitlicher Nähe zu

---

[61] Der richtige Einwand, dass das im anderen großen Flötensolo der Messe, im *Domine Deus* auch der Fall ist, überzeugt nicht. Denn zwar ist in den Stimmen, die Bach dem König übergab, bei dieser Arie „solo" vermerkt. In der autographen Partitur aber „Flauto traverso I, II". Wegen der beschriebenen Atemprobleme hat sich solcher Wechsel heute in Aufführungen durchgesetzt.

Kyrie und Gloria der Messe. In der Vorlage ebenfalls eine Arie für Alt, die in a-Moll an Jesus gerichtet den zum Himmelfahrenden beschwört *Ach beibe doch noch hier*! Im Affekt, im imperativen Bittruf also Ähnlichkeit mit dem *Agnus Dei hat*. Allerdings veränderte Bach die Vorlage bei der Übernahme entscheidend, passte sie den (von ihm selbst aufgestellten) Gegebenheiten der Messe an. Aus dem eher freundichen a-Moll, das fast besser in den Tonartenzusammenhang der Messe gepasst hätte und das bei Bach meist mit Texten der Geduld und der Liebe verbunden ist, versetzt er die Arie nach g-Moll, das bei ihm oft mit agressiv klagenden Texten einhergeht. Aus einer dreiteiligen Dacapo-Form im Himmelfahrtsoratorium wird eine zweiteilige, die bei Bach oft (wie auch hier) zumindest im Text monothematisch daherkommt. Und so ist die Arie in der Messe erheblich kürzer, obwohl Bach zweimal vier Takte mit einem neuen Gedanken und neuen Motiv einschiebt. Indes aber andere Parodien in der Messe sich nahtlos neben neuere Kompositionen stellen[62], bleibt diese ein Fremdling in ihrer Umgebung.

Alle anderen Texte, die sich an Jesus richten, sind als Duett vertont zum Zeichen, dass immer Jesus *und* Gottvater gemeint sind. Hier hat Bach eine Solo-Arie gewählt. Es ist nicht mehr der Gottessohn, es ist ganz allein der Menschensohn angesprochen. So betont die Musik das Außergewöhnliche, fast möchte ich sagen das Undogmatische, Unerwartete.

Beide Violinen kontrapunktieren unisono spielend die warme Altstimme. Die Vorlage ist in ihren letzten Takten schon gewagt, aber was die Messe uns zumutet an Inter-

---

[62] So *et incarnatus* und *crucifixus,* siehe Seite 80.

vallsprüngen, am Ende gar ein Umkippen des Leittons in die Unteroktave und damit ein Abknicken in die tiefe Lage des nächsten Satzes – das lässt den Atem stocken.

Zu den drängenden Worten *miserere nobis* passt das Hauptmotiv mit der Heftigkeit seines anapästischen Rhythmus (kurz-kurz-lang). Er beherrscht die ganze Arie, weckt aus dem Dornröschenschlaf phlegmatischer Bequemlichkeit und Teilnahmslosigkeit auf, reißt heraus aus der Gleichgültigkeit gegenüber dem Leid unserer Mitmenschen. Die Aneinanderkettung synkopisch stolpernder Seufzer im dritten und vierten Takt (die erst durch Bachs Bindungen entstehen) und die verminderten Intervalle in den folgenden vier Takten zeichnen ein bedrückendes Bild der Wirklichkeit.

Notenbeispiel 70

Mit einem Gedanken aber ändert Bach die Vorlage einschneidend. Dem Vorbild fehlt nämlich die Motivik der Anrede *Agnus Dei* im Alt: Wie in einer tiefen Verbeugung senkt sich hier in der Messe die Singstimme in einem tiefen Kniefall durch eine Oktave abwärts.

Notenbeispiel 71

Damit hören wir einen gegenüber dem Vorbild völlig neuen Gedanken: Einen strengen Kanon zwischen der Singstimme und den Violinen. Einen Kanon, der in der Mitte der Arie auf die erneute Anrede *Agnus Dei* wieder aufgenommen, dort aber nach drei Takten abrupt abgebrochen wird, in einer Generalpause entsetzt anhält, um die Ungeheuerlichkeit der *peccata mundi* ohne Übergang eher als vorn mit dem aufrüttelnden anapästischen Motiv zu versehen[63].

Kanon steht für Nachfolge. An Jesus zu glauben, heißt, ihm nachzufolgen, Vertrauen in das Leben, auch in seine dunklen Seiten zu haben und Liebe zu leben. Das Leid in der Welt kann man nicht wegwischen, auch nicht er- oder gar verklären. Man kann nur versuchen, das Leid durch eigenes Handeln nicht zu mehren und wenn man Leid erfährt, das Vertrauen in die Grundlagen des Lebens nicht zu verlieren.

Hier in der Arie ist deutlich allein der Menschensohn angesprochen. Wie im *Christe eleison* ausgeführt, können wir den Menschen Jesus wie einen Kumpan betrachten[64], ihm wie einem guten Freund nacheifern. Er ist kein entfernt thronender Gott, sondern hat alle Qualen der Menschen durchlitten. Ist es also wirklich möglich, ihn zum Vorbild zu nehmen, ihm nachzufolgen? Eine alte Legende bekräftigt das:

Sie erzählt von einem im fernen Russland gelegenen Kloster, das vom Sterben bedroht war, weil die letzten fünf Mönche alle über 70 Jahre alt waren und sich kein Nachwuchs einstellen wollte. In seiner Not fragte der Abt einen Rabbi, der den Ruf eines Weisen hatte, um Rat, wie

---

[63] Es ist eine schöne, von vielen Dirigenten aufgenommene Tradition, diese Wiederholung, obwohl sie notengleich zu den Anfangstakten ist, in einem liebevoll zärtlichen, dennoch erschauernden pianissimo zu musizieren.

[64] Siehe zu *Christe eleison,* Seite 19.

er sein Kloster erhalten könne. Der aber konnte auch mit keiner Erfolg versprechenden Antwort helfen, gab dem Abt aber bei seinem Abschied die rätselhafte Prophezeiung mit auf den Weg, unter ihnen wenigen Brüdern sei – der Messias. Heimgekommen bestürmten ihn die Mitbrüder, mussten sich aber mit der kryptischen Aussage abfinden, unter ihnen sei der Messias. Nun begann ein jeder der alten Männer zu grübeln: War es der Abt, der das Kloster lange Jahre mit großer Weisheit auch durch schwere Jahre geleitet hatte? Oder war es nicht vielmehr Bruder Johannes, der die Güte in Person war, immer Verständnis und Warmherzigkeit ausstrahlte? Bruder Josephus konnte es ja wohl nicht sein, denn der hatte immer nur zu meckern und an allem etwas auszusetzen – obwohl, das konnte man nicht bestreiten, er mit seiner Kritik oft das Kloster vor Fehlentwicklungen gewarnt und damit vor Schaden bewahrt hatte. Bruder Philippus? Nein und nochmals Nein! der nun ganz bestimmt nicht! Philippus ist ein regelrechtes Nichts. Ob er im Raum ist oder nicht, man spürt es nicht. – Allerdings, auf mysteriöse Art und Weise hat Bruder Philippus die Gabe, genau dann aufzutauchen und mit seinen vielen handwerklichen Fähigkeiten zu helfen, wenn man ihn am nötigsten braucht. Konnte dieser unscheinbare Niemand der Messias sein? – Oder gar ich? Ich selbst? Nein! Nie und nimmer! Ich bin eine ganz gewöhnliche Person, nicht geschaffen, eine solche Bürde und Verantwortung zu tragen!

So begann jeder der alten Männer, darüber zu grübeln, welche versteckte Weisheit in den Worten des Rabbi gelegen haben mochte. Während die Klosterbrüder diese Gedanken hin und her bewegten, veränderte sich ihr Umgang untereinander. Immerhin war die Möglichkeit nicht auszuschließen, dass einer von ihnen der Messias war. In ihrer Unsicherheit und obwohl sie der Prophezeiung nur eine winzig-kleine Chance einräumten, begannen sie einander, aber auch *sich selbst* mit großer Hochachtung zu behandeln, denn sie konnten nicht wissen, *wer* der geweissagte Messias ist. Ein neuer, ungewohnter Ton gegenseitiger Achtung und Verständnisses zog ein in die Klostermauern.

Wanderer, die gelegentlich vorbeikamen, um im alten Kloster-Garten ein Picknick zu halten und auf den gepflegten Wegen des alten Rosengartens zu spazieren, nahmen bald (ohne sich dessen überhaupt bewusst zu werden) wahr, welch einen außerordentlichen Respekt einer dem anderen an diesem Ort entgegenbrachte. Es war etwas merkwürdig Anziehendes in der freundlichen, wie verwandelten Atmosphäre des Klosters. Ohne sich zu fragen warum, kehrten die Menschen gern und häufiger zu dem Kloster zurück, um zu picknicken, zu spielen, bei den alten Mönchen sich Rat zu holen und – zu beten. Sie begannen, Freunde mitzubringen, um ihnen zu zeigen, was für ein außerordentlicher Ort das sei. Und die Freunde brachten ihre Freunde mit. Und dann geschah es, dass einige jüngere Männer sich in immer längere und tiefere Gespräche mit den alten Mönchen einließen. Und schließlich fragte einer, ob er bitte bleiben und zu ihrem Orden gehören dürfe. Dann ein anderer. Und ein weiterer. Innerhalb weniger Jahre wurde das Kloster wieder zu einem blühenden Orden, zu einem pulsierenden Zentrum von Herzlichkeit und Verständnis.

„Machs wie Gott, werde Mensch!" Das prangte als Graffiti an einer Züricher Kirchenwand[65]. Und ja, so ist es: J e d e r Mensch kann Messias sein. Folgen wir der Aufforderung im Kanon. Eifern wir der Verständnisbereitschaft, der Gewaltfreiheit des Menschen Jesus nach. Gerade in diesen Jahren, in denen mehr als früher entwurzelte, frustrierte junge Menschen meinen, Ihre Ansprüche mit Gewalt durchsetzen zu dürfen; in denen religiöse Fanatiker meinen, ihre Werte, ihren Glauben mit Terror durchsetzen zu müssen – gerade jetzt ist jedes versöhnende Vorbild unentbehrlich und von hoher Bedeutung.

Jeder kann nur – wie die Mönche – *bei sich* beginnen. Denn es ist ja nicht klar, ob nicht gerade ich, ich allein ausgewählt bin, einem anderen Menschen zu helfen. Respekt vor *meiner* Aufgabe, Achtung vor *meiner* Bestimmung ist erste Voraussetzung für diese Haltung. Und dann heißt es, andere nicht besserwisserisch zu bevormunden, sondern sie und ihre Motive zu verstehen, das Gute an ihnen oder ihren Absichten zu erkennen[66]. Denn wer weiß, vielleicht ist gerade deren Verhalten ausersehen, hilfreich zu sein. Und von wirklich falschem Verhalten lassen sie sich allemal besser mit Verständnis als mit Belehrung abbringen. Wenn wir alle mit Verständnis und Gewaltfreiheit zu leben anfangen, dann wird die Welt in neuer Freundlichkeit erblühen wie das russische Kloster.

---

[65] Tatsächlich ist es ursprünglich der Titel einer Weihnachtspredigt von Bischof Kamphausen.
[66] Siehe Bemerkung zur Psychotherapie Seite 128.

Dona nobis pacem

Das *Dona nobis pacem* (schenk uns Frieden) übernimmt Note für Note das vierstimmige *Gratias agimus* aus dem Gloria. Freilich weist die autographe Partitur bis zum Ende auf jeder Seite vier leere Notenzeilen auf.

Letzte Seite des Autographs *Dona nobis pacem*.
Unten die leeren Notenzeilen. (Auszug)

Hatte Bach ursprünglich eine Komposition mit achtstimmigem Chor schaffen wollen und so die Vier- bzw. Fünfstimmigkeit der vorausgegangenen Chöre über die Sechsstimmigkeit des Sanctus wie schon im *Osanna* zur Achtstimmigkeit der letzten Chorsätze überhöhen wollen?[67] Erklären sich die leeren Notenzeilen aus einer Änderung von Bachs Absichten während des Komponierens? Verwarf er alte Planungen, um neue Gedanken zu verwirklichen? Ideen, die er erst nach der Rastrierung des Blattes fasste? Die nun nur vier Stimmen kennzeichnete Bach freilich mit dem ausdrücklichen Zusatz „1 & 2" als doppelchörig, stellte damit die finale Steigerung her und unterschied den Satz vom parodierten *Gratias*.

Dem Hörer freilich prägt sich als Erstes der Eindruck der abrundenden Wiederholung ein und es liegt gegebenfalls am Dirigenten, die beiden Stücke dem Text und ihrer Stellung im Gesamtgefüge entsprechend unterschiedlich zu interpretieren[68]. Aber ich nenne den Einfall der Änderung glücklich, denn er rundet nicht nur die Messe mit dem Bezug auf den früheren Satz ab. Mit dem Zitat unterlegt Bach der Bitte zugleich die Erwartung ihrer Erfüllung; unterstellt, dass es Grund zum *gratias agimus*, zum Danken gibt. Das *Dona nobis* Bachs ist nicht nur ein Bittruf, es ist ein Danklied.

---

[67] Bei der Erstellung einer Komposition musste Bach zunächst die Notenlinien vorzeichnen und bestimmte damit die Besetzung. Auch an zwei anderen Stellen der Messe gibt es solche leeren Zeilen, die sich aber nicht über alle Seiten des Satzes ziehen und auch aus anderen Gründen erklärlich sind. Hier dachte Bach bei der Rastrierung offensichtlich an eine andere Besetzung, an eine andere Komposition, denn bei der Übernahme des Satzes aus der Vorlage war ja die Anzahl der benötigten Notenzeilen bekannt.

[68] Da Noten im Barock gundsätzlich mit nur wenigen Interpretationsanweisungen aufgezeichnet wurden, ist es dem Ermessen, aber auch der Verantwortung der Interpreten überlassen, bei der Wiedergabe der geschriebenen Noten alle Gesichtspunkte angemessen zu berücksichtigen.

Der Satz beginnt scheu,

„… als hätt' der Himmel
die Erde still geküsst."

(Joseph von Eichendorff)
Denn wirklich wie ein zarter Kuss des Himmels an die notleidende Menschheit, so vorsichtig, schüchtern, nämlich noch ohne Trompetenjubel, beginnt der Satz. Die strahlende Tonart D-Dur lässt jedoch vom ersten Takt an hoffen, dass die vorgebrachte Bitte erfüllt wird. Man muss Bachs Deutung nur vergleichen mit der Beethovens, in der die gleiche Bitte um Frieden in seiner großen Messe in realistischer Einschätzung der Welt vom Kriegsgeschmetter der Trompeten begleitet wird.

Man hat kritisiert, dass hier bei Bach auf den *einen,* kurzen Text nun eine Fuge mit *zwei* Themen kommt. Aber ich finde, dass gerade dadurch in der Textdeklamation eine unglaublich zärtlich insistierende Variante gelingt, in der beim zweiten Thema das Wort *pacem,* der *Friede* durch Voranstellung besonderes Gewicht erlangt:

Dona nobis pacem –

p a c e m   dona nobis.

Notenbeispiel 72

Do - - na no - - bis pa - cem, pa - cem,

pa - - cem, do - - - - na no - bis,

Trotz gleicher Noten den Anfang des *Gratias agimus* und des *Dona nobis pacem* dem Text folgend unterschiedlich zu musizieren – einmal dankbar selbstsicher, hier ängstlich vorsichtig – das liegt in der Hand des genauen und empfindsamen Interpreten. Sonst aber bestätigt sich alles, was ich zum *Gratias agimus* gesagt habe; verstärkt, als habe es nur darauf gewartet, sich hier zu erfüllen: Die Intensität einer Fuge, die dicht ein Thema auf das andere türmt, keinerlei entspannende Zwischenspiele kennt und schließlich in einer 6-stimmigen Engführung, von Trompetengewissheit überstrahlt, ihre Apotheose findet. Man spürt: Es wird sich erfüllen, was in der Matthäuspassion prophezeit ist: „Der Friedensschluss ist nun mit Gott gemacht."

Frieden mit Gott, also mit seiner Schöpfung; Frieden unter den Völkern; Frieden mit unseren Mitmenschen und – vielleicht Voraussetzung für all das – Frieden mit mir selbst. Ist das wirklich nur eine unerfüllbare Vision? Die letzten Takte der Messe imaginieren: NEIN! Es ist eine erfüllbare Hoffnung. Hören wir nur das Ende! Hören wir, wie sich die Totalität der vier Gesangsstimmen mit zwei überhöhenden Trompeteneinsätzen zu dichter Gewissheit und allumfassender Dankbarkeit für das große Geschenk des Friedens steigert.

Hier schließt sich der Ring: Vom klagenden Urschrei des Anfangs erlebten wir in der Mitte der Messe, dass wir glauben, dass wir Urvertrauen haben dürfen. Hier wird die Hoffnung zur Gewissheit, dass das Urvertrauen in die Schöpfung und in unsere Mitmenschen sich erfüllen kann: Dass wir in Frieden zusammen leben können. Und leben werden! Wir spüren: Wenn wir nur wollen, bescheiden in Dankbarkeit hoffen: Frieden kann uns geschenkt werden!

Carl Ludwig Börne:

„Die unwandelbare Freundschaft und der ewige Friede zwischen allen Völkern – sind das denn Träume? Nein, der Hass und der Krieg sind Träume, aus denen man einst erwachen wird."

Haben wir das nicht in Deutschland erlebt, als alliierte Truppen dem Spuk des Naziterrors, den Bombennächten und der Metzelei an den Fronten ein Ende bereiteten und wir uns, wie aus einem bösen Albtraum erwacht, gerettet fühlten? Und erleben das nicht unzählige Paare, die sich in Hass und Verachtung zerfleischen, bis ein guter Mediator sie lehrt, sich in die Gefühle und Gedanken des jeweils anderen hineinzuversetzen? sodass sie aus dem Albtraum des Hasses und der Missverständnisse aufwachen und sich umarmen können? Erwachen wir aus dem Albtraum des Kyrie-eleison-Moll, um im strahlenden Dur des Friedens aufzuwachen!

Ob Menschen es je gelingt, in der ganzen Welt miteinander in Frieden zu leben? Das wäre ein Wunder! Aber ja, nochmals Einstein:

Es gibt zwei Arten, sein Leben zu leben:
entweder so, als wäre nichts ein Wunder
oder so, als wäre alles ein Wunder.
Ich glaube an Letzteres.

Wenn wir, auch gegen die Meinung der meisten Menschen, fest daran glauben: „Wir schaffen das!" – dann kann sich das unerwartete Wunder erfüllen. Erst wenn Menschen Frieden mit sich selbst geschlossen haben, verschwindet die Notwendigkeit, eigene Unzulänglichkeiten und Fehler auf andere zu projizieren und so Streit und Unfrieden in der Welt zu mehren. Zuversicht, Vertrauen, Glaube (davon zeugen viele Heilungsprozesse in der Medizin) werden zur selbsterfüllenden Prophezeiung: Das Wunder des Friedens ist ansteckend; wenn Menschen es wollen und damit beginnen, dann breitet es sich aus wie die Kreise im Wasser, in das wir einen Stein geworfen haben. Sind das Ideen eines unrealistischen Phantasten?

Noch einmal Albert Einstein:
> „Eine wirklich gute Idee erkennt man daran,
> dass ihre Verwirklichung von vorn herein
> ausgeschlossen erschien."

Unsere Großeltern hätten es für ausgeschlossen gehalten, dass alle Deutsche untereinander in Frieden miteinander leben; unsere Eltern, dass Deutsche und Franzosen keine Kriege mehr gegeneinander führen. Ihnen allen müsste es wie ein Wunder erscheinen, wenn sie heute die Welt betrachten könnten. Ähnliches gilt für Nachbarn oder Völker, die aufs Blut zerstritten sind, aber lernen, sich in die Gefühle und Gedanken der jeweils anderen zu versetzen, sodass sie aus dem Albtraum der nationalen Egoismen und der Missverständnisse aufwachen können. Voraussetzung für jede Befriedung ist die Achtung vor den Menschen und deren Möglichkeit, Messias zu sein; Verständnis aufzubringen für alles, was sie daran hindert, in sich selbst, in allen Menschen den Messias zu sehen. Und den Versuch zu unterlassen, anderen *meine* Sichtweise aufzudrängen. Lernen wir (wie die neuere Psychotherapie) von Sokrates, der nie mit seiner Meinung oder Erkenntnis das Gespräch begann, sondern mit ständigen Fragen den anderen dazu brachte, selbst die Wahrheit zu finden.

Selbst Albert Einstein wurde in seiner Skepsis widerlegt: Er ging davon aus, dass die von ihm 1915 vorausgesagten

Gravitationswellen nie nachgewiesen werden könnten. Aber in einem Aufsehen erregenden Experiment gelang das 2015 doch, genau 100 Jahr nach seiner Voraussage[69].

All das macht Hoffnung, dass, wenn auch manchmal erst nach langer Zeit, Ideen verwirklicht werden können, deren Verwirklichung „von vornherein ausgeschlossen" schien.

Warum nicht die Idee des Friedens?

O glaub, dass Wunder dir geschehen,
denk, was du sonst der Seele raubst.
Die Wunder knien vor dir nieder und flehen;
sie sind ja nur, wenn du sie glaubst.

(Rainer Maria Rilke)

---

[69] In seiner Allgemeinen Relativitätstheorie hatte Einstein 1915 die Existenz von Gravitationswellen vorausgesagt, zugleich aber betont, dass ihr Nachweis ausgeschlossen erscheine. Denn da die Raumzeit zwar gedehnt und gestaucht werden kann, aber zugleich äußerst stabil ist (unvorstellbare 10^{32} Mal so steif wie Stahl), würden die Wellen wegen ihrer unbeschreiblich geringen Amplitude kaum je zu messen sein. Entgegen seiner Skepsis wurden aber genau 100 Jahre nach seiner Voraussage im September 2015 solche Gravitationswellen beobachtet und gemessen. Sie waren 1,3 Milliarden Lichtjahre entfernt bei einer Kollision zweier schwarzer Löcher mit der Masse von 36 + 29 Sonnenmassen entstanden. Die bei dieser kosmischen Katastrophe (nach dem Datum „GW150914" benannt) freigesetzte Energie von 3 Sonnenmassen kräuselte die Raumzeit Sekundenbruchteile4 lang um das unvorstellbar geringe Tausendstel eines Protonendurchmessers. Die dabei entstandenen Gravitationswellen konnten von Ligo, dem Zusammenschluss zweier 4 km langer Laserstrahlen in Hanford, USA, mit einer Interferenzmessung gemessen und damit experimentell bestätigt werden. Solche kosmischen Katastrophen scheinen keine Seltenheit im Universum zu sein, denn bereits im Dezember 2015 wurde ein zweites solches Ereignis gemessen.

Texte

Kyrie eleison!	Herr, erbarme dich!
Christe eleison!	Christe erbarme dich!
Kyrie eleison!	Herr, erbarme dich!

Gloria in excelsisDeo	Ehre sei Gott in der Höhe
et in terra pax	und auf Erden Frieden
hominibus bonae	Den Menschen
voluntatis.	seines Wohlgefallens.

Laudamus te,	Wir loben dich,
benedicimus te,	preisen dich,
adoramus te,	beten dich an,
glorificamus te.	rühmen dich.

Gratias agimus tibi	Wir sagen dir Dank
propter magnam	um deiner großen
gloriam.	Ehre willen.

Domine Deus,	Herr Gott,
rex coelestis	himmlischer König
Deus pater omnipotens	Gott, allmächtiger Vater
Domine fili unigenite,	Herrr, eingeborener Sohn,
Jesu Christe,	Jesu Christe,
altissime!	du Allerhöchster!

Dominus Deus	Herr Gott,
agnus Dei,	Lamm Gottes,
filius patris!	du Sohn des Vaters!
Qui tollis peccata mundi,	Du trägt die Sünde der Welt,
miserere nobis!	erbarme dich unser!
Suscipe	nimm an
deprecationem nostram!	unser Gebet!
Qui sedes	Der du sitzt
ad dextram patris,	zur Rechten des Vaters,
miserere nobis!	erbarm dich unser!
Quoniam tu solus	Denn du allein bist
sanctus,	heilig,
tu solus Dominus,	du allein bist der Herr,
tu solus altissimus,	du allein bist der Höchste,
Jesu Christe!	Jesu Christe!
cum sancto spiritu	mit dem heiligen Geist
in gloria Dei	in der Herrlichkeit Gottes,
patris.	des Vaters
Amen!	Amen!
Credo	Ich glaube
in unum Deum.	an den einen Gott.

Patrem omnipotentem,	Den allmächtigen Vater,
factorem coeli	Schöpfer Himmels
et terrae,	und Erden,
visibilium omnium	aller sichtbaren
et invisibilium.	und unsichtbaren Dinge.

Et in unum Dominum	Und an den einen Herren
Jesum Christum.	Jesum Christum.
filium unigenitum	Gottes eingeborenen Sohn
et ex patre natum	und vom Vater geboren
ante omnia saecula.	vor aller Zeit.
Deum de Deo,	Gott von Gott,
lumen de lumine,	Licht vom Licht,
Deum verum	wahrer Gott
de Deo vero,	vom wahren Gott,
genitum, non factum,	geboren, nicht geschaffen,
consubstantialem patri,	eines Wesens mit dem Vater,
per quem omnia	durch den alles
facta sunt,	geschaffen ist,
qui propter nos homines	der für uns Menschen
et propter nostram	und für unser
salutem	Heil
descendit de coelis.	herabgestiegen ist vom Himmel.

Et incarnatus est	Und hat Fleisch angenommen
de spiritu sancto	durch den Heiligen Geist
ex Maria virgine	von Maria, der Jungfrau,
et homo factus est.	und ist Mensch geworden.

Crucifixus	Gekreuzigt
etiam pro nobis	auch für uns
sub Pontio Pilato,	unter Pontius Pilatus,
passus et sepultus est	gelitten und begraben.

Et reserrexit	Und ist auferstanden
tertia die	am dritten Tag
secundum scripturas.	nach der Schrift.
Et ascendit in coelum	Aufgefahren in den Himmel
sedet ad dextram Dei	sitzt zur Rechten Gottes,
patris,	des Vaters,
et iterum venturus est	wird wiederkommen
cum gloria,	in Ehre,
iudicare vivos et mortuos	zu richten Lebende und Tote,
cuius regni non erit finis.	dessen Reich wird sein
	ohne Ende.

Et in spiritum sanctum,	Und an den Heiligen Geist,
dominum et vivificantem	den Herrn und Lebend-
	macher,
qui ex patre filioque	der vom Vater und Sohn her-
procedit,	vorgeht,
qui cum patre et filio	der mit Vater und Sohn
simul adoratur	gleichermaßen angebetet
et conglorificatur,	und verherrlicht wird,
qui locutus est	der geredet hat
per prophetas.	durch die Propheten.
Et in unum sanctum	Und an die eine heilige,
Catholicam	allgemeine
et apostolicam ecclesiam.	und apostolische Kirche.

Confiteor unum baptisma
in remissionem peccato-
rum.
Et expecto
resurrectionem
mortuorum et vitam
venturi saeculi.
Amen!

Ich bekenne die eine Taufe
zur Vergebung der Sünden.

Und ich erwarte
die Auferstehung
der Toten und ein Leben
in der zukünftigen Welt.
Amen!

Sanctus, sanctus, sanctus
Dominus Deus Sabaoth
Pleni sunt coeli et terra
gloria eius.

Heilig, heilig, heilig
ist Gott, der Herr Zebaoth
Voll sind Himmel und Erde
seiner Herrlichkeit.

Osanna in excelsis!

Hosianna in der Höhe!

Benedictus, qui venit
in nomine Domini.

Gelobt sei, der da kommt
im Namen des Herrn.

Agnus Dei
qui tollis
peccata mundi,
miserere nobis!

Lamm Gottes,
du trägst
die Sünden der Welt,
erbarme dich unser!

Dona nobis pacem!

Schenk uns Frieden!

Literatur

(nur zitierte Bücher)

Christoph Wolf:
Johann Sebastian Bach, Messe in h-Moll, Kassel 2009

Georg von Dadelsen:
Exkurs über die h-Moll-Messe, Darmstadt 1970

Ulrich Prinz (Hrg.):
Messe h-Moll, (Schriftenreihe Intern. Bachakademie), Kassel 1990

Friedrich Smend:
NBA krit. Bericht, Kassel 1956

Uwe Wolf
Vorwort zur Notenausgabe, NBA, revidierte Fassung, Kassel 2013

Otto Hagenmaier:
Der Goldene Schnitt, München 1963/1977

Georges Ifrah:
Universalgeschichte der Zahlen, Leipzig 2008

Günter Jena, geboren 1933 in Leipzig. Dort Besuch der Thomasschule, Studium der Musikwissenschaft und Psychologie in Berlin, dann Schüler und Assistent von Karl Richter in München. Kirchenmusikdirektor in Würzburg, dann 24 Jahre am Hamburger Michel. Dirigierte die Oratorien Bachs häufig, auch im Ausland. Zusammenarbeit mit dem Choreographen John Neumeier.

Bücher von Günter Jena:

Das gehet meiner Seele nah
Die Matthäuspassion von Johann Sebastan Bach
    vergriffen, Neuauflage in Vorbereitung

Brich an, o schönes Morgenlicht
Das Weihnachtsoratorium von Johann Sebastian Bach –
    jetzt bei: topos Taschenbücher

Ich lebe mein Leben in wachsenden Ringen
Die Kunst der Fuge von Johann Sebastian Bach
    Verlag Eschbach (vergriffen)